ECONOMIA CIRCULAR Y SOSTENIBILIDAD

NUEVOS ENFOQUES PARA LA CREACION DE VALOR

MAURICIO ESPALIAT CANU

ISBN 13: 978-1548183769

ISBN 10: 1548183768

Impreso por CreateSpace, una compañía Amazon.com

INDICE

PRESENTACION

El mundo se enfrenta a un escenario en el cual la sobreexplotación de los recursos finitos ha llevado a comprometer seriamente su disponibilidad para el desarrollo de las actividades sujetas a su uso a lo largo del tiempo. Esta realidad ha generado significativos impactos y situaciones adversas que con creciente frecuencia afectan a la seguridad de la sociedad y al equilibrio del medio ambiente.

El clásico esquema lineal, según el cual se desarrollan etapas sucesivas de extracción, procesamiento, utilización y eliminación de productos y materiales, no es sostenible de modo indefinido, con el agravante de que, durante el proceso, se originan residuos y subproductos susceptibles de ser retornados al circuito productivo o al ciclo natural, pero que, en cambio, son despreciados y destinados a su eliminación por incineración, destrucción o depósito en vertederos. Esta situación conduce a la necesidad de identificar prioridades para consolidar una economía más competitiva, responsable y sostenible, orientada en función de un marco en el que la innovación resulta esencial para el progreso y para garantizar el bienestar de la humanidad.

La Economía Circular constituye la antítesis del modelo lineal. Es, conceptualmente, un modelo "holístico", "restaurador" y "regenerativo". Propicia que productos, componentes y materiales mantengan su valor y su utilidad de modo permanente a lo largo de todo el ciclo de producción y uso. Genera indiscutibles ventajas ambientales, beneficios sociales y valor añadido para las empresas, aspectos necesarios para garantizar la sostenibilidad de los recursos y la diversidad ecológica en un contexto planetario globalizado, complejo, y a menudo, imprevisible.

El objetivo de esta obra es analizar las posibles vías que permitan provocar el cambio de paradigmas necesario para reconducir el modelo económico vigente y desterrar los deficientes hábitos de comportamiento social. El propósito es insinuar alternativas para sustituir actitudes conformistas, irresponsables y desfasadas por nuevos esquemas, orientándolos de modo inteligente para inducir el rechazo definitivo de la cultura del despilfarro y de la especulación.

Los temas analizados en este ensayo son expuestos con el propósito de llamar la atención de ciudadanos, empresarios y representantes de diferentes estamentos públicos y privados, e invitarlos a reflexionar sobre los retos y a descubrir las oportunidades que subyacen en la aplicación de los principios y fundamentos de la economía circular.

También la obra pretende motivar a ciudadanos, empresas, profesionales y expertos de diferentes disciplinas, a generar propuestas innovadoras conducentes a la sostenibilidad, en el sentido más amplio del término, aplicando y asumiendo durante su desempeño cotidiano el concepto de la circularidad, un reto insoslayable y una ventaja competitiva de indiscutible proyección estratégica.

I – ECONOMIA CIRCULAR Y SOSTENIBILIDAD

FUNDAMENTOS GENERALES

EL CONTEXTO ECONOMICO Y SOCIAL DE LA ERA GLOBALIZADA

- Motores del cambio del modelo social y económico
- Pérdidas económicas y residuos estructurales
- Riesgos de precios
- Riesgos de suministro
- Deterioro de los sistemas naturales
- Auge y evolución de la normativa
- Avances en tecnología
- Necesidad de modelos de negocio alternativos
- Urbanización y entorno urbano
- Fin del modelo de economía lineal
- Surgimiento de la economía circular y replanteamiento de la sostenibilidad

ECONOMIA CIRCULAR: UN NUEVO ENFOQUE PARA LA CREACION DE VALOR

- Características de la Economía Circular
- Principios de la Economía Circular
- Actuaciones a realizar aplicando los principios de la Economía Circular

  o Eliminación de los residuos desde el diseño
  o Generación de solidez a través de la diversidad
  o Impulsión de la economía con fuentes de energía renovables
  o Pensar en «sistemas»
  o Reflejar los costes reales en precios y mecanismos de retroalimentación

EL MARCO "RESOLVE"

IV REVOLUCION INDUSTRIAL – INDUSTRIA 4.0 Y ECONOMIA CIRCULAR

FUNDAMENTOS GENERALES

La disputa entre el hombre y la naturaleza se inició probablemente en Asia Menor, hace unos diez mil años. El hombre del neolítico sintió la necesidad de dominar su hábitat en lugar de convivir armoniosamente con él. Bastó que inventara el fuego para desencadenar, entre otros problemas, el de la erosión del suelo y el de la contaminación del aire. Abandonó su vida nómada, destruyó bosques para cultivar la tierra, cazó animales a gran escala, hasta que solamente en el siglo XVII empezó a calcular comparativamente los progresos realizados. Esta trayectoria le ha llevado a ser catalogado en la actualidad como el ser viviente más devastador del planeta.

Las consecuencias del antagonismo entre el ser humano y el medio físico son hoy patentes, producto de un modelo de comportamiento egocéntrico, con tendencia al dominio absoluto de la naturaleza, desprovisto de la percepción consciente de sus limitaciones, y de las secuelas que generan actitudes irresponsables marcadas por la extracción desenfrenada y la especulación sin límites. Esta realidad ha configurado sustancialmente, aunque con diferentes matices, el proceso de desarrollo de las diferentes naciones a lo largo de su evolución, hasta consolidar el patrón característico de la cultura y de la civilización contemporáneas.

Sin embargo, la progresiva percepción de la difícil situación que hoy afecta al entorno de vida humano, generadora de expresiones contestatarias y reivindicativas de diversa índole y trascendencia, constituye un hecho ciertamente positivo, que se ve reforzado por el aumento de la sensibilidad de la sociedad civil en relación con los problemas ambientales.

Actualmente, la economía parece atrapada en un sistema en el cual todo, desde la dinámica de producción, la contratación, e incluso la normativa y las pautas de comportamiento, favorecen un modelo lineal de producción y consumo. Pero este bloqueo se está debilitando bajo la presión de diversas y poderosas tendencias disruptivas.

El objetivo que persigue la exposición de los temas y argumentos desarrollados a lo largo de este ensayo es generar una conciencia de discusión, de análisis y de debate sobre el grado de impacto que ha tenido la relación del hombre con su sustrato vital a lo largo de la historia.

Partiendo de la indiscutible premisa de que la innovación y el avance de la tecnología han tenido a lo largo del tiempo una influencia notable tanto en la generación como en la corrección de agresiones al medio ambiente, se trata ahora de llevar a cabo un ejercicio de reflexión serio y crítico sobre el papel que el hombre ha desempeñado y debe asumir como protagonista de las actitudes que condicionan de modo inevitable su propia existencia.

Todo este debate se ha de plantear considerando un entorno mundial que cuenta con recursos limitados, cuya disponibilidad la sociedad ha de garantizar cimentando una cultura ecológica de dimensión planetaria, equilibrada, solidaria y sostenible. Lo cual implica también, de modo ineludible, adoptar y aplicar a toda actitud y a toda interacción entre el hombre y su entorno, los principios más elementales de la prevención, de la deliberación inteligente y de la sensatez.

La necesidad de transición hacia un modelo de economía circular es hoy objeto de atención creciente, a menudo de modo instintivo, por parte de la sociedad civil y de los responsables gubernamentales y empresariales de gran parte del planeta. Es ahora, por ejemplo, una prioridad en las políticas de la Unión Europea. A este nivel, la innovación ha de ser el elemento clave para una transición que hará necesario contar con nuevas tecnologías, procesos, servicios y modelos empresariales. El cambio hacia este nuevo modelo económico plantea además el requisito de que el sistema educativo promueva la concienciación sobre la necesidad de hacer un uso responsable de los recursos, y conduzca a la concepción de nuevos perfiles técnicos y profesionales, sin olvidar la exigencia de inducir cambios radicales en los anacrónicos modelos de producción, distribución y consumo que actualmente subyacen arraigados en numerosos esquemas de comportamiento social, político y económico.

Como podrá ser constatado a lo largo de estas líneas, un modelo de desempeño social y económico basado en los principios de la economía circular representa, sin lugar a dudas, el mejor camino para corregir parte de los errores y agresiones cometidos en el pasado en relación con los recursos del planeta. Además, es la vía preventiva más aconsejable para evitar que dichos errores y agresiones se repitan, comprometan la sostenibilidad de los recursos, y distorsionen el equilibrio de las estrechas relaciones de interdependencia existentes entre el ser humano y su entorno de vida.

EL CONTEXTO SOCIAL Y ECONOMICO DE LA ERA GLOBAL

Motores del cambio del modelo social y económico

Las especiales características y la complejidad del actual contexto económico exigen optimizar el retorno de las inversiones en medios y recursos de todo tipo, y proyectar a la vez al máximo la duración del ciclo de vida de los productos. Los recursos productivos, sobre todo los naturales y de índole limitada, son cada vez más costosos y escasos, lo cual conduce a la necesidad de gestionarlos con rigor, y de utilizarlos de un modo que permita evitar el despilfarro a lo largo de todo el ciclo industrial. El clásico esquema lineal extracción – transformación –uso – eliminación, ha de ser sustituido por opciones de retroalimentación del tipo reducción – reciclaje – reutilización – recuperación, de acuerdo con los fundamentos de la economía circular, a los cuales se aludirá posteriormente con mayor detalle. A este requisito hay que añadir, como también se analizará más adelante, la necesidad de adoptar nuevos modelos de negocio y de consumo basados en los principios de la sostenibilidad.

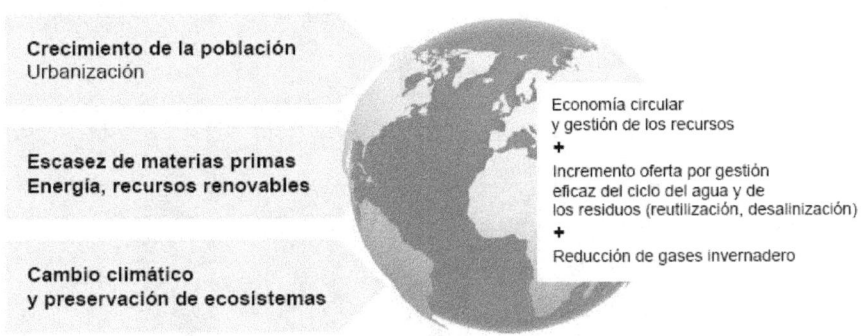

Crecimiento de la población
Urbanización

Economía circular
y gestión de los recursos
+
Incremento oferta por gestión
eficaz del ciclo del agua y de
los residuos (reutilización, desalinización)
+
Reducción de gases invernadero

Escasez de materias primas
Energía, recursos renovables

Cambio climático
y preservación de ecosistemas

Figura 1 – El contexto de la Economía Global   Fuente: Aqualogy

La evolución de la economía global ha estado dominada por un modelo lineal de producción y consumo, según el cual se fabrican productos a partir de materias primas, que luego se venden, se utilizan y, a continuación, se desechan como residuos. Aunque se han logrado avances importantes para mejorar la eficiencia en el uso de los recursos, todo sistema basado en su consumo en lugar de su uso restaurativo, conlleva pérdidas significativas a lo largo de la cadena de valor.

Además, la rápida aceleración de las economías extractivas y de consumo desde mediados del siglo XX, ha provocado el crecimiento exponencial de factores externos negativos. Es muy probable que estas tendencias se agraven, ya que se estima que la cantidad global de consumidores se duplicará de aquí al año 2030.

Adoptar como única solución del problema la reducción del consumo de recursos y de energía fósil por unidad de producción económica, no modificará la naturaleza finita de las reservas, sino que únicamente retrasará lo inevitable. El modelo lineal es cada vez más cuestionado por los propios principios en base a los cuales opera, por lo que es necesario un cambio radical en el sistema de economía lineal tradicional.

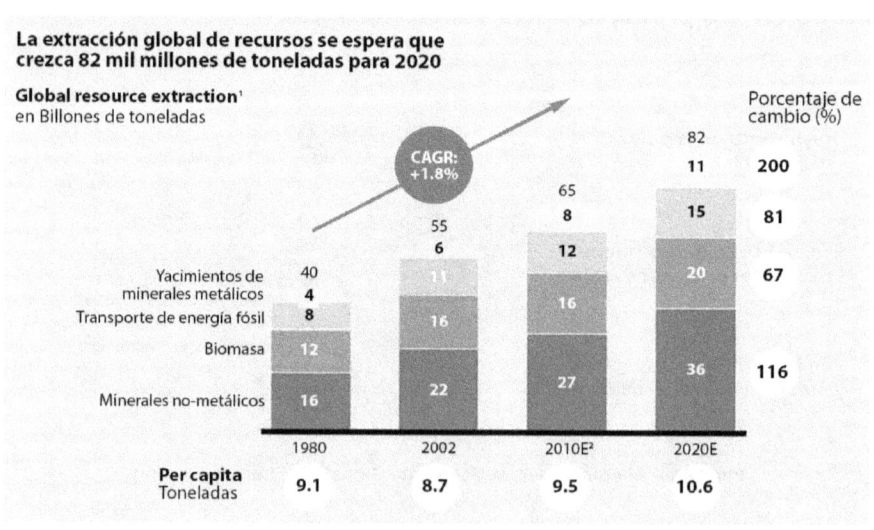

Figura 2 – Perspectiva de la Extracción Global de Recursos – Horizonte 2020
Fuente: OCDE – Ellen MacArthur Foundation

Pérdidas económicas y residuos estructurales

El modelo de creación de valor de la economía actual genera una cantidad asombrosa de residuos. En Europa, el reciclaje de materias y la recuperación de energía basada en residuos capturan y aprovechan solo el 5% del valor original de las materias primas empleadas.

Las investigaciones han detectado la existencia de considerables residuos estructurales y funcionales en sectores que muchos consideran maduros y optimizados. Así, por ejemplo, un vehículo particular medio permanece el 92% del tiempo aparcado, el 31% de los alimentos se desecha a lo largo de la cadena de valor, y una oficina media solo se usa entre el 35% y el 50% del tiempo, incluso durante el horario laboral.

Riesgos de precios

Muchas empresas han empezado recientemente a darse cuenta de que el sistema lineal aumenta su exposición a los riesgos, sobre todo frente a la volatilidad del precio de los recursos y a las interrupciones del suministro.

El aumento de la volatilidad del precio de los recursos puede lastrar el crecimiento económico al incrementar la incertidumbre, desalentar la inversión de las empresas y elevar el coste de la protección frente a los riesgos relacionados con la disponibilidad de materias primas. Durante la pasada década, la volatilidad del precio de los metales y de la producción agrícola fue mayor que en ninguna otra década del siglo XX.

En la Figura 3 se puede apreciar de manera esquemática la evolución del precio de los productos y materiales entre los años 1900 y 2010, así como el punto de inflexión ocurrido en el año 2000. Este último indicador confirma el riesgo que representa el cambio de tendencia en relación con el aseguramiento de la disponibilidad de recursos finitos del planeta, así como la necesidad de adoptar medidas drásticas para evitar su agotamiento.

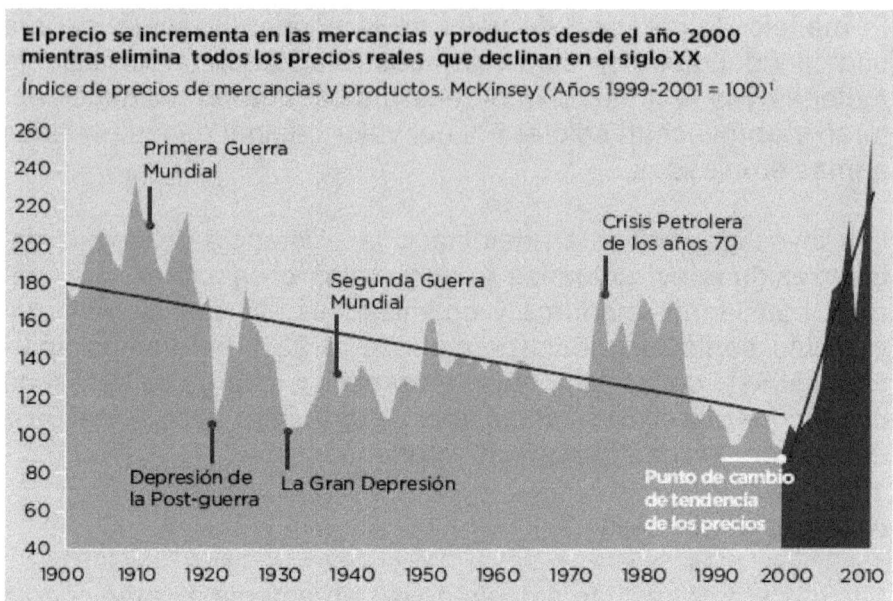

El precio se incrementa en las mercancias y productos desde el año 2000 mientras elimina todos los precios reales que declinan en el siglo XX

Índice de precios de mercancias y productos. McKinsey (Años 1999-2001 = 100)[1]

Figura 3 – Evolución de los precios de mercancías y productos – 1900 – 2010
Fuente: Banco Mundial, FMI, OCDE, FAO

Riesgos de suministro

Muchas regiones del mundo poseen escasas fuentes naturales propias de recursos no renovables, por lo que tienen que depender de las importaciones. La Unión Europea importa seis veces más materias y recursos naturales de los que exporta. Japón importa casi todo su petróleo y otros combustibles líquidos y gas natural, y la India importa alrededor del 80% y el 40% de éstos, respectivamente.

Además del riesgo asociado al suministro de materias primas propias, se añade la inseguridad de suministro vinculada a las cadenas de suministro global, cuya complejidad deriva de los complejos términos de intercambio y distribución que rigen el comercio internacional.

Deterioro de los sistemas naturales

El conjunto de consecuencias ambientales negativas relacionadas con el modelo lineal constituye un verdadero desafío para la creación de riqueza a largo plazo. El agotamiento de las reservas de bajo coste y, cada vez más, el deterioro del capital natural, está afectando a la productividad de la economía. Entre los elementos más significativos que contribuyen a aumentar la presión ambiental, se encuentran el cambio climático, la pérdida de biodiversidad y de capital natural, la degradación del suelo, y la contaminación del aire y de los océanos.

Evolución de la normativa

Durante los últimos años, las empresas han estado sometidas a mayores esfuerzos por parte de los agentes reguladores para poder valorar y limitar los factores externos negativos. Desde el año 2009, el número de leyes sobre cambio climático se ha incrementado un en un 66%, al pasar de 300 a 500. Numerosas iniciativas para atenuar la huella de carbono mediante impuestos y programas de comercio de emisiones ya han sido implantadas o están en vías de serlo en casi 40 países y más de 20 ciudades, estados y regiones del planeta. En Europa, por ejemplo, 20 países aplican impuestos a los vertidos de residuos, obteniendo por esta vía unos ingresos que en 2009 – 2010 alcanzaron la cifra de 2.100 millones de euros.

En este entorno, y como contrapartida, cada vez son más las voces que abogan por un nuevo modelo económico. Cada vez hay más organizaciones, empresas y figuras prominentes de diferentes áreas que trabajan expresamente hacia el objetivo de conseguir implantar un nuevo modelo de economía que conduzca a generar un movimiento global favorable al uso racional de los recursos. El actual contexto mundial requiere emprendedores que desarrollen y adopten nuevos modelos de negocio que se adelanten a la normativa, con el fin de generar el impacto positivo que permita el aseguramiento de la sostenibilidad. El mundo necesita líderes empresariales prominentes comprometidos en poner fin a las actividades tradicionales que llevan a la especulación y al despilfarro, procurando que la visión a largo plazo sea la que vuelva a situar la acción en el centro de la escena económica y social.

El modelo circular de crecimiento, desvinculado del consumo de recursos finitos, y capaz de ofrecer sistemas económicos resilientes, es considerado como la única tendencia favorable al desarrollo sostenible. Por otro lado, la conjunción favorable y sin precedentes de factores tecnológicos y sociales es el motor que hará posible la transición eficaz a una economía circular a escala mundial, forjando desde el liderazgo y de las iniciativas de base la normativa que conduzca a la sostenibilidad.

Avances en tecnología

Guiados por los principios de la economía circular, los avances tecnológicos pueden crear interesantes oportunidades para la sociedad. Las tecnologías industriales y de la información transitan con agilidad por Internet y se aplican a gran escala, lo que permite la creación de enfoques empresariales de economía circular que antes no eran posibles. Estos avances permiten la colaboración y el intercambio de conocimientos de modo más eficiente, facilitan el seguimiento más minucioso del uso de las materias primas, la mejor configuración de la logística, y el incremento del uso de las energías renovables.

No obstante, es necesario tener en cuenta que hoy en día emergen tecnologías disruptivas a gran velocidad provenientes de múltiples fuentes de innovación, que hacen necesario que las empresas las adopten y adapten a nuevos modelos productivos con agilidad y rigor, evitando la tentación especulativa, y priorizando la sostenibilidad sin perjuicio de la calidad.

Necesidad de modelos de negocio alternativos

Surge con intensidad un nuevo concepto de transacción en el que las personas asumen modelos empresariales que les permiten acceder a servicios, en lugar de poseer los productos que utilizan, convirtiéndose así en usuarios. Se ha demostrado la enorme validez de este planteamiento, que manifiesta un crecimiento acelerado en algunas áreas, tales como el modelo de alquiler basado en el rendimiento y en compartir, posible gracias a la utilización y aplicación de nuevas tecnologías, y que ya cuenta con clientes dispuestos a utilizarlo, estimulando su adopción y crecimiento a ritmo exponencial. Más adelante se comentarán algunas opciones que ofrece en este ámbito la llamada "economía colaborativa".

Reducir costes y optimizar la competitividad son factores supeditados a la elaboración de presupuestos, hecho que afecta por igual a empresas, instituciones y administraciones públicas. Sin lugar a dudas, esta realidad cuestiona ciertas actividades productivas que, por intentar mantener una posición destacada y fiable en el mercado, y por mal uso de los recursos, caen en la temeridad de reducir precios en perjuicio de la calidad de los productos elaborados, de los servicios prestados y del medio ambiente.

Una empresa cuyo único objetivo sea el de facturar e incrementar su volumen de negocio descuidando la profesionalidad de sus procedimientos productivos, está destinada, tarde o temprano, al fracaso más rotundo y al desprestigio, por anteponer un esquema de negocio especulativo al de la calidad y de la ética. Por otro lado, la sociedad civil es cada vez más culta y preparada, está mejor informada desde todo punto de vista, y, en consecuencia, sus exigencias y demandas son crecientes y rigurosas, tanto en términos de precio como de calidad. La creencia de que "lo barato es mejor" ha perdido terreno en el entorno contemporáneo, y en cambio es importante destacar que los conceptos de "calidad" y de "función" tienden a prevalecer sobre los de "bajo precio".

Mantener niveles de profesionalidad que permitan asegurar la productividad, la eficiencia y la eficacia en cualquier sector de actividad, implica además la necesidad de mantener una política de mejora continua y de innovación. Actualmente, el rápido avance de las tecnologías y procedimientos de toda índole exige a las empresas ajustar sus métodos y sistemas productivos de modo permanente, adoptando con agilidad las nuevas alternativas que día tras día aparecen en el mercado. Eludir la innovación y mantener modelos de actuación desfasados impide la implantación exitosa de los principios y fundamentos de la economía circular y erosiona la competitividad. En cambio, dentro de un imparable contexto de globalización, simboliza una actitud temeraria e irresponsable, incompatible con el concepto de sostenibilidad, puesto que solo arrastra hacia la pérdida de eficacia.

Urbanización y entorno urbano

Por primera vez en la historia, más de la mitad de la población mundial reside actualmente en zonas urbanas. Se prevé que la continua urbanización y el crecimiento demográfico general provocarán un aumento de la población mundial de 2.500 millones de personas de aquí al año 2050, de forma que el porcentaje de la población que reside en ciudades ascenderá hasta el 66%.

Si el aumento continuo de la urbanización se afronta con la adopción de los principios de la economía circular, la reducción del coste asociado a muchos servicios urbanos, tales como el de los ciclos inversos y el de la recogida y tratamiento de residuos y materiales que ya no se utilizan, beneficiará la mayor agilidad en el suministro y la recogida, y favorecerá una logística más sencilla, ofreciendo a la vez mayores facilidades operativas a los proveedores de servicios.

Por la importancia y trascendencia que tienen, algunos de estos aspectos serán analizados más adelante con mayor detalle.

Fin del modelo de economía lineal

La tradicional economía lineal de «tomar, usar, desechar», basada en el consumo de grandes cantidades de energía y de materias primas baratas y de fácil suministro, ha sido el elemento fundamental del desarrollo industrial, generador de un nivel de crecimiento sin precedentes en la historia de la humanidad.

Sin embargo, tal y como se observó en un anterior apartado, el incremento de la volatilidad de los precios, los riesgos que empiezan a afectar a la cadena de suministros, y las crecientes presiones de la sociedad, han alertado a los líderes empresariales y a los responsables políticos sobre la necesidad de repensar el uso de las materias primas y de la energía. Para muchos, esta situación ha sido el aviso de que ha llegado el momento de aprovechar las ventajas potenciales de la adopción de la economía circular.

ECONOMÍA LINEAL

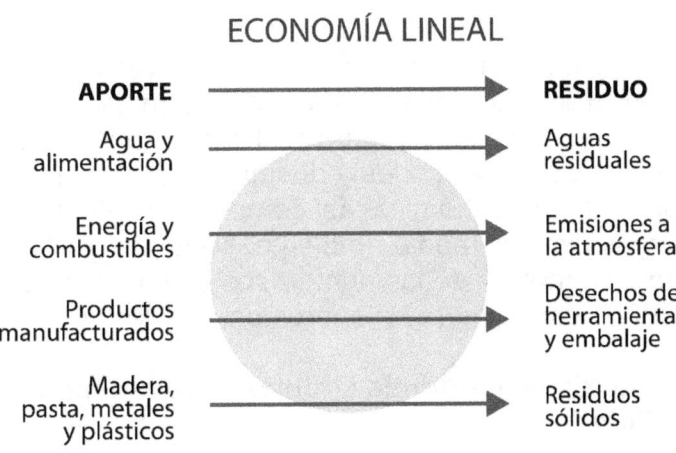

Figura 4 – Esquema de Economía Lineal   Fuente: Aqualogy

Parte importante de los actuales procesos industriales se adaptan al modelo lineal "extracción-transformación-uso-eliminación", que presta escasa atención a si los productos, sus componentes o los recursos empleados en su producción, son utilizados o no de modo racional. El resultado de todo este proceder es comprobar que la mayoría de los recursos son empleados con un solo fin específico, para luego ser en parte eliminados bajo la forma de residuos, sin tener en cuenta que éstos son también valiosos recursos productivos.

La economía planetaria se encuentra bloqueada en un sistema en el que todo, desde la economía productiva y la contratación, hasta la normativa y el comportamiento de las personas, favorece el modelo lineal de producción, distribución y consumo. Sin embargo, este bloqueo es cada vez más débil debido a la presión que ejerce la ocurrencia de poderosas tendencias de índole disruptiva. Es preciso aprovechar esta conjunción favorable de factores económicos, tecnológicos y sociales para acelerar la transición a la economía circular. La circularidad ha empezado a desplazar a la economía lineal, y este hecho va más allá de un planteamiento puramente conceptual. El actual desafío es consolidar la economía circular y dotarla de la necesaria transversalidad a escala mundial.

Aunque aún es cuestionado, el fin del bloqueo lineal está cada vez más próximo, teniendo en cuenta las nuevas tendencias que condicionarán el desarrollo de la economía mundial durante los próximos años. Los motivos para realizar la transición a un modelo circular están justificados y documentados, y la percepción de su oportunidad económica, así como de sus efectos positivos para la sociedad y el medio ambiente, se fundamenta en la observación y el análisis de los numerosos ejemplos prácticos que ofrecen numerosos actores pioneros en este terreno.

Surgimiento de la economía circular y replanteamiento de la sostenibilidad

En contraposición al planteamiento lineal, la economía circular es, conceptualmente, "restauradora" y "regenerativa", propiciando que materias primas, productos y servicios mantengan su valor y su utilidad de modo permanente, aspecto que se debe tener en cuenta desde la fase de diseño de dichos productos y servicios, hasta el final de su ciclo de vida útil. El objetivo es procurar que tanto las materias primas como los productos y los recursos se mantengan dentro del ciclo productivo el mayor tiempo posible, suprimiendo el acostumbrado indicador de desarrollo económico basado exclusivamente en la magnitud del consumo de productos acabados. La economía circular aboga por esquemas de pre y post producción que mantengan a los productos, subproductos y residuos valorizables en servicio durante un largo período, procurando su reutilización una y otra vez.

La verdadera economía circular es aquella que es restaurativa y regenerativa a propósito, la que trata que productos, componentes y materias mantengan su utilidad y su valor máximo en todo momento, conciliando los ciclos técnicos con los principios de equilibrio y resiliencia característicos de los ciclos biológicos. Este nuevo modelo económico trata en definitiva de desvincular el desarrollo económico global del consumo de recursos finitos. El concepto de circularidad aborda los crecientes desafíos relacionados con los recursos a los que se enfrentan los ciudadanos, las empresas y los gobiernos, y pretende por esta vía generar crecimiento, crear empleo y reducir los efectos ambientales negativos, incluidas las emisiones de gases de efecto invernadero causantes del cambio climático.

Dado que cada vez son más las voces que abogan por un nuevo modelo económico basado en el pensamiento enfocado a sistemas, la conjunción favorable y sin precedentes de actores tecnológicos y sociales hace posible hoy en día la transición exitosa hacia la economía circular.

ECONOMIA CIRCULAR: UN NUEVO ENFOQUE PARA LA CREACION DE VALOR

Características de la Economía Circular

Insistiendo en lo anteriormente citado, cabe destacar que por economía circular se entiende aquella que por principio es restaurativa y regenerativa, y que trata que los productos, componentes y materias primas mantengan su utilidad y valor máximo en todo momento, asimilando los ciclos técnicos a los biológicos. Se concibe como un ciclo de desarrollo positivo y continuo que preserva y mejora el capital natural, optimiza el rendimiento de los recursos, y minimiza los riesgos del sistema al gestionar con rigor las reservas finitas y los flujos renovables. Funciona de forma eficaz en todas las escalas, y, en definitiva, este modelo intenta desvincular el desarrollo económico global del consumo de recursos finitos.

Adoptar los principios y fundamentos de la economía circular supone dar la espalda de modo definitivo a la cultura de la economía lineal que se instaló con la Revolución Industrial, y que generó y sigue generando una serie de impactos que en la actualidad son difíciles de asumir y de aceptar. La economía circular propone un modelo que compensa los límites biofísicos de la economía lineal y propone cambios radicales de paradigmas en los ámbitos social, político y económico.

Las grandes escuelas de pensamiento relacionadas con la circularidad surgieron en los años 70, pero no cobraron relieve hasta la década de los 90. La economía circular es un concepto económico que se enmarca en el desarrollo sostenible, y cuyo objetivo es la producción de bienes y servicios reduciendo el consumo y el desperdicio de materias primas, agua y energía. Se trata de un modelo que considera tanto los aspectos económicos, como los ambientales y sociales, basado en el principio de "cerrar el ciclo de vida" de recursos, productos, servicios, residuos y materiales.

La economía circular, el sistema holístico que empiezan a utilizar numerosas empresas para repensar sus ciclos productivos, adquiere en estos momentos notabilidad a gran velocidad. Entre otras cosas, trabajar sobre la base de sus principios permite corregir un sinnúmero de deficiencias durante la fabricación de productos o la prestación de servicios, optimizando el consumo de recursos, reduciendo la generación de residuos y subproductos desechables, y aportando nuevas fuentes de producción y ahorro de energía. La economía circular facilita además aplicar el principio de la prevención y de la sostenibilidad en materia ambiental, ya que incluye la consideración de los aspectos fundamentales necesarios para garantizar el modelo de desempeño que requiere la era de la globalización.

Algunas opciones innovadoras basadas en la economía circular adquieren en la práctica la forma de "leasing" o de "renting", y de "intercambio de residuos valorizables" como materia prima o fuentes de energía. También, en similar dirección, es posible observar el surgimiento de compromisos de "recambio-sustitución", como es el caso, por ejemplo, de lo que ocurre en sectores como el de los electrodomésticos, o de "reacondicionamiento" de equipos y maquinaria en el ámbito industrial. Estas iniciativas implican casi siempre la reconfiguración de los modelos de negocio, lo cual pasa necesariamente por la adopción de los principios de la "eco innovación" o del "ecodiseño", otra de las bases fundamentales del desarrollo sostenible a la cual se aludirá más adelante con mayor detalle. El diseño y los procesos productivos deben ser ajustados a la producción de artículos de larga durabilidad, bien sea mediante el incremento de su vida útil, o permitiendo la sustitución de componentes a lo largo de su ciclo de vida mediante opciones de reparación, reacondicionamiento o nueva fabricación, principios que están del todo reñidos con la despreciable práctica de la "obsolescencia programada" que algunas industrias adoptan en sus procesos de fabricación con el fin de incrementar la venta de productos nuevos.

Aún más revolucionario es lo que ocurre cuando las industrias establecen con sus clientes un compromiso de implantación de modelos de negocio innovadores, mediante los cuales los procesos de reciclaje o reacondicionamiento se logran a través del retorno de los productos obsoletos a la cadena de producción. Sin embargo, este esquema es aplicable solo cuando se dispone de mecanismos, infraestructuras y vías de recolección y logística que faciliten a los usuarios devolver los artículos al productor o al distribuidor, lo cual implica la necesidad simultánea de cambiar los modelos y hábitos de consumo a nivel del propio ciudadano, el verdadero motor de la demanda de productos y servicios.

ECONOMÍA CIRCULAR

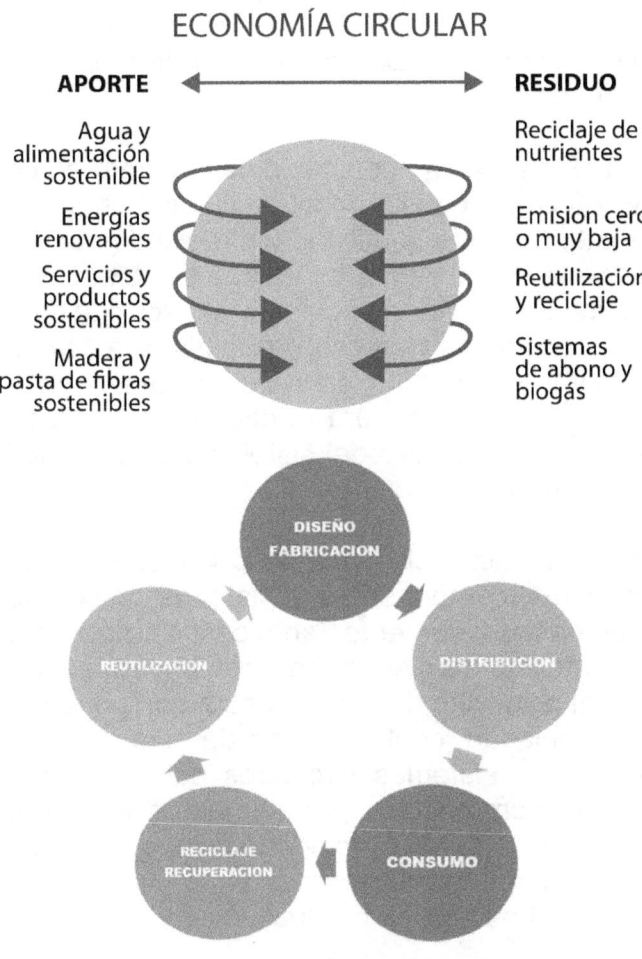

Figura 5 – Marcos conceptuales de la Economía Circular

Aun cuando el modelo de economía circular es aplicable a diversos sectores de actividad, más adelante se analizarán en detalle las tendencias que en este sentido está marcando su adopción como plataforma de trabajo en tres áreas críticas que requieren atención de modo urgente y prioritario: la gestión de residuos, del ciclo del agua y de la energía. La primera, constituye una valiosa oportunidad para generar beneficios económicos y ambientales. La segunda y la tercera, se enfocan a preservar recursos escasos y frágiles, que deben ser tratados con especial rigor.

Principios de la Economía Circular

La economía circular descansa sobre los tres principios descritos a continuación.

Principio 1: Preservar y mejorar el capital natural, controlando las reservas finitas y equilibrando los flujos de recursos renovables, desmaterializando la utilidad y ofreciendo ventajas cualitativas y de forma virtual siempre que sea posible. Cuando se necesitan recursos, el sistema circular los selecciona de forma sensata y elige tecnologías y procesos que utilizan recursos renovables o de mayor rendimiento, siempre que sea viable. La economía circular preserva y mejora el capital natural alentando los "flujos de nutrientes" dentro del sistema y generando las condiciones para la regeneración.

Principio 2: Optimizar el rendimiento de los recursos distribuyendo productos, componentes y materias procurando su máxima utilidad en todo momento, tanto en los ciclos técnicos como biológicos. Esto implica diseñar para refabricar, reacondicionar y reciclar con el propósito de mantener los componentes técnicos y materias circulando, contribuyendo de este modo a optimizar la economía. Los sistemas circulares utilizan bucles internos más reducidos, como ocurre, por ejemplo, a la hora de priorizar el mantenimiento o la reparación siempre que resulte posible, antes de proceder al reciclaje, preservando y recuperando energías latentes y otros activos productivos.

Los sistemas circulares maximizan también el número de ciclos consecutivos y/o el tiempo empleado en cada ciclo, aumentado la vida útil de los productos y favoreciendo la reutilización. A su vez, compartir recursos incrementa el grado de utilización de productos y de reutilización de subproductos y residuos valorizables.

Los sistemas circulares promueven también que los nutrientes biológicos vuelvan a entrar en la biosfera de forma segura, para que su descomposición genere materias valiosas susceptibles de ser incorporadas a un nuevo ciclo. En el ciclo biológico, característico de las actividades agrícolas, ganaderas y pesqueras, los productos están "diseñados" naturalmente para ser consumidos o metabolizados, y para regenerarse dando lugar a nuevos recursos. En el caso de las materias biológicas, la esencia de la creación de valor consiste en la oportunidad de extraer valor adicional de los productos y materias mediante su paso en cascada por sucesivas etapas y aplicaciones. Cuando se trata de optimizar los ciclos técnicos, lo oportuno es intentar "imitar" los mecanismos de los ciclos naturales.

Al igual que en el sistema lineal, buscar el mayor rendimiento a todos los niveles resulta siempre ventajoso y útil, pero el proceso, en cualquier caso, requiere de continuas mejoras. Sin embargo, a diferencia del sistema lineal, el sistema circular no pone en peligro ni la eficacia en términos absolutos, ni el rendimiento final.

Principio 3: Promover la eficacia de los sistemas detectando y eliminando del diseño los factores negativos externos. Esto incluye evitar, o al menos reducir, los posibles daños en ámbitos tales como la alimentación, la movilidad, la educación, la sanidad y el ocio, y controlar adecuadamente los factores externos de importancia, tales como el uso del suelo, la contaminación del aire y del agua, o el vertido de sustancias tóxicas.

Actuaciones a realizar aplicando los principios de la economía circular

Si bien los tres principios descritos anteriormente están enfocados como normas elementales y orientativas de actuación, la práctica de la economía circular se define a partir de las siguientes características fundamentales:

- **Eliminación de los residuos desde el diseño**

En una economía circular los residuos no existen, y se eliminan del diseño deliberadamente. Las materias biológicas no son tóxicas y pueden devolverse fácilmente al suelo mediante el compostaje o la digestión anaeróbica. Los materiales técnicos, tales como plásticos, metales, aleaciones y otros productos artificiales, se diseñan para ser recuperados, renovados y mejorados, minimizando la aportación de energía necesaria al ciclo, y maximizando la retención de valor, tanto en términos económicos como de disponibilidad de recursos.

- **Generación de solidez a través de la diversidad**

La economía circular valora la diversidad como forma de generar solidez. En muchos sistemas, la diversidad es un motor fundamental de versatilidad y resiliencia. En los sistemas vivos, por ejemplo, la biodiversidad es fundamental para la sobrevivencia y la adaptación a los cambios ambientales. De forma similar, la economía precisa de un equilibrio que afecte a varias escalas de actividad para prosperar a largo plazo. En este sentido, las empresas más grandes aportan volumen y eficiencia, mientras que las pequeñas ofrecen modelos alternativos que favorecen la estabilidad a través de la diversidad de opciones complementarias que aportan sus diferentes actividades.

- **Impulsión de la economía con energías renovables**

La energía necesaria para impulsar la economía circular debe ser prioritariamente de carácter renovable, con el fin de reducir la dependencia de fuentes de recursos finitos, y de incrementar la resiliencia de los sistemas frente a las crisis. Esta realidad queda ampliamente demostrada, por ejemplo, si se analiza lo ocurrido a lo largo de la historia con el petróleo.

Además, recurrir a las energías renovables es una alternativa que la economía circular favorece en sí misma, como consecuencia de los menores umbrales de energía que se necesitan en los ciclos productivos y servicios de tipo circular.

- **Pensar en "sistemas"**

En una economía circular, el pensamiento basado en sistemas se aplica de forma generalizada. Numerosos elementos del mundo real, tales como empresas, personas o plantas, forman parte de sistemas complejos en los que las distintas partes están fuertemente vinculadas e interactúan entre sí, lo que implica la ocurrencia de relaciones y consecuencias inevitables. Para lograr una transición efectiva y estable hacia la implantación de la economía circular, estos vínculos se han de tener en cuenta de modo permanente.

Para evitar el sesgo de los enfoques simplistas, cada caso de aplicación de procesos circulares a un determinado sector debe tener presente todos los parámetros que puedan desempeñar un papel destacado en la sostenibilidad global de la circularidad. En igual sentido, es importante proporcionar claridad sobre el impacto neto esperado del funcionamiento conjunto de los diferentes sectores, factor básico a tener en cuenta por parte de los responsables de la formulación de políticas dirigidas a gestionar tanto las opciones circulares como sus posibles efectos negativos.

- **Reflejar los costes reales en precios y mecanismos de retroalimentación**

En la economía circular, los precios actúan como indicadores y, por consiguiente, deben ser reflejados con su valor real y total para ser considerados con objetividad.

Los costes totales de los factores externos negativos también se deben conocer, valorar y tener en cuenta con objetividad, eliminando el sesgo de los subsidios o incentivos que en ciertos casos puedan distorsionar su valor real. La falta de transparencia sobre el coste de los factores externos actúa como una barrera que impide la transición equilibrada hacia la economía circular.

LOS PRINCIPIOS DE LA ECONOMIA CIRCULAR

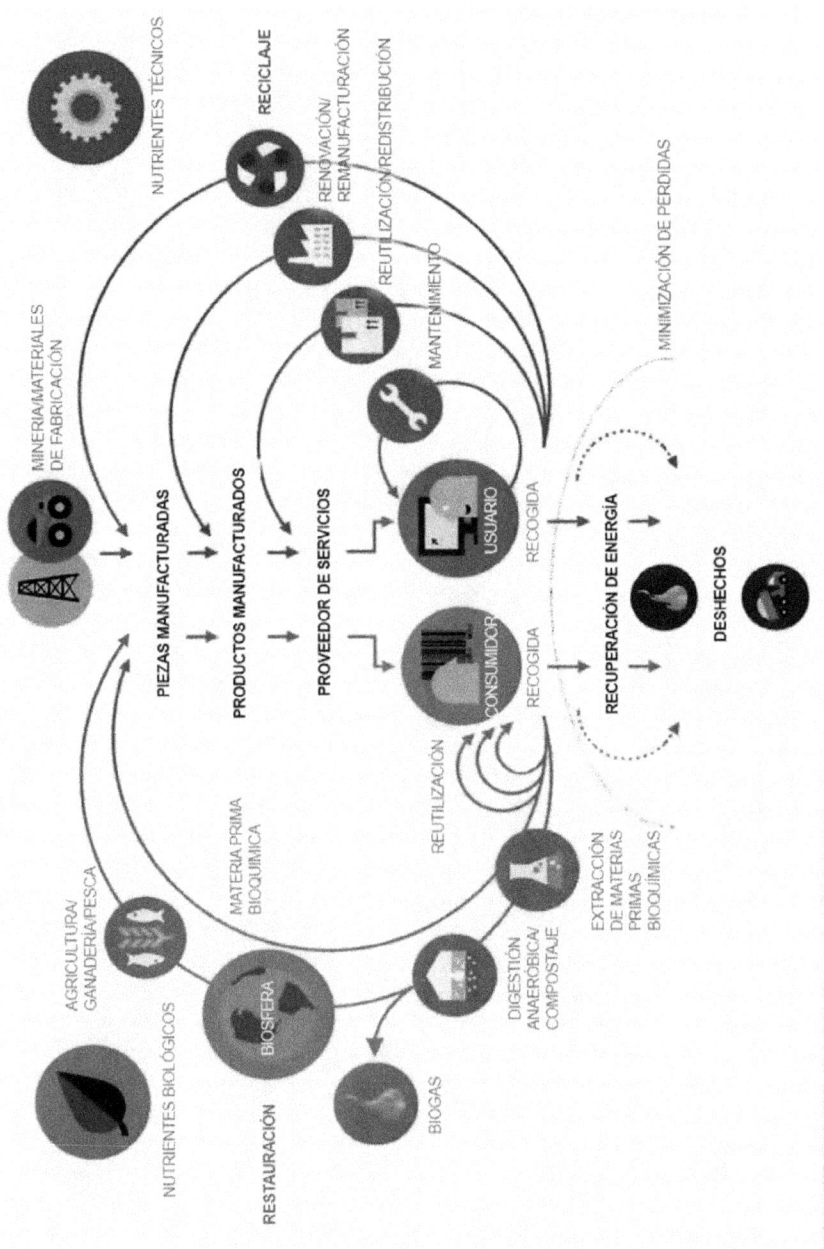

Figura 6 – Los Principios de la Economía Circular
Fuente: Ellen MacArthur Foundation

EL MARCO "RESOLVE"

A través de investigaciones, estudios de casos prácticos y entrevistas con expertos, la Fundación Ellen MacArthur ha identificado un conjunto de seis acciones que pueden adoptar las empresas y los gobiernos de cara a la transición a la economía circular: **Regenerate** (regenerar), **Share** (compartir), **Optimise** (optimizar), **Loop** (establecer bucles), **Virtualise** (virtualizar) y **Exchange** (intercambiar). Aplicadas de manera combinada, estas acciones conforman el marco **RESOLVE**, término compuesto por las iniciales de las palabras inglesas que dan forma al marco.

El esquema del marco RESOLVE se enfoca incluyendo gran parte de las actuaciones basadas en la aplicación de los principios y fundamentos de la economía circular, así como utilizando las herramientas, mecanismos, tecnologías y prácticas que ayudan a su puesta en marcha y desarrollo.

Para que las estrategias del marco RESOLVE conduzcan a resultados eficaces, deben ser adoptadas y desarrolladas aplicando los fundamentos de la responsabilidad social corporativa y de la sostenibilidad, acompañadas de la reconducción de los modelos de negocio, de la adopción de procedimientos de innovación y ecodiseño, y de cambios sustanciales de comportamiento y consumo a nivel de todos los actores comprometidos con el modelo de economía circular.

Este marco, reflejado esquemáticamente en la tabla adjunta, ofrece a las empresas y gobiernos una herramienta práctica para generar estrategias circulares e iniciativas de crecimiento. De distintas formas, estas acciones optimizan el uso de activos físicos, prolongan su vida, preservan su valor, y propician el cambio de uso de recursos de fuentes finitas a renovables. En este marco, cada acción en particular refuerza y acelera el rendimiento de las demás acciones, a la vez que se retroalimenta de las sinergias generadas por todo el conjunto.

ESQUEMA DEL MARCO "RESOLVE"

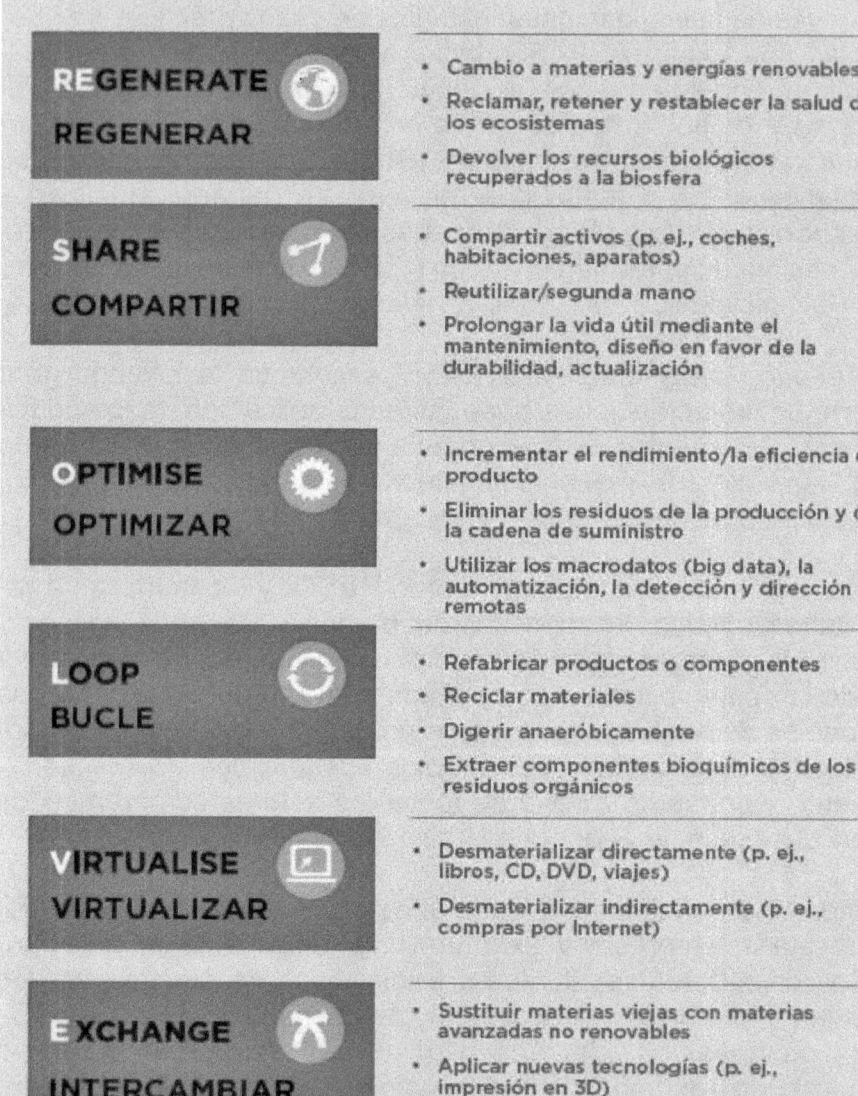

REGENERATE REGENERAR	• Cambio a materias y energías renovables • Reclamar, retener y restablecer la salud de los ecosistemas • Devolver los recursos biológicos recuperados a la biosfera
SHARE COMPARTIR	• Compartir activos (p. ej., coches, habitaciones, aparatos) • Reutilizar/segunda mano • Prolongar la vida útil mediante el mantenimiento, diseño en favor de la durabilidad, actualización
OPTIMISE OPTIMIZAR	• Incrementar el rendimiento/la eficiencia del producto • Eliminar los residuos de la producción y de la cadena de suministro • Utilizar los macrodatos (big data), la automatización, la detección y dirección remotas
LOOP BUCLE	• Refabricar productos o componentes • Reciclar materiales • Digerir anaeróbicamente • Extraer componentes bioquímicos de los residuos orgánicos
VIRTUALISE VIRTUALIZAR	• Desmaterializar directamente (p. ej., libros, CD, DVD, viajes) • Desmaterializar indirectamente (p. ej., compras por Internet)
EXCHANGE INTERCAMBIAR	• Sustituir materias viejas con materias avanzadas no renovables • Aplicar nuevas tecnologías (p. ej., impresión en 3D) • Elegir nuevos productos y servicios (p. ej., transporte multimodal)

Tabla 1 – El marco RESOLVE

IV REVOLUCION INDUSTRIAL – INDUSTRIA 4.0 Y ECONOMIA CIRCULAR

Diversos análisis prospectivos sobre la evolución, las tendencias y la proyección histórica de la industria y de la economía mundial, destacan el papel relevante que en este terreno puede desempeñar la economía circular. Las observaciones llevadas a cabo quedan reflejadas en el contexto de lo que hoy se define como "Industria 4.0" y "Cuarta Revolución Industrial", cuyos postulados se resumen en los argumentos expuestos a continuación.

Primera, Segunda y Tercera Revolución Industrial

A finales del siglo XVIII emergió la primera revolución industrial, dando lugar a la fabricación de productos con la ayuda de máquinas accionadas por medio de agua y vapor. La segunda revolución se produjo a principios del siglo XX con la introducción de las cadenas de montaje para producción en serie y a gran escala, accionadas por medio de energía eléctrica. La tercera nace en la década de 1960, con la llegada de las tecnologías digitales, el desarrollo de los semiconductores y los ordenadores, y culmina con la explosión de internet en la década de los 90. Sin embargo, las tres primeras revoluciones industriales se desarrollaron en momentos históricos en que se consideraba erróneamente que se contaba con recursos naturales infinitos, y que las emisiones de gases producidas en los procesos productivos no tenían ninguna consecuencia negativa para las personas y el medio ambiente.

Durante los últimos años, el impacto que ha tenido la actividad humana en la generación del cambio climático del planeta ha quedado plenamente demostrado, no solo a través de los registros históricos que dan cuenta del aumento en la temperatura del planeta desde el siglo XIX, sino además como consecuencia de los graves desastres naturales experimentados durante los últimos años en distintas partes del mundo. Es por esto que la nueva revolución industrial tiene que desarrollarse en función de nuevos modelos productivos, económicos y sociales que permitan enfrentar las amenazas de modo innovador, eficiente y sostenible, sin hipotecar el futuro de las generaciones venideras.

Cuarta Revolución Industrial

Mucho se habla de la cuarta revolución industrial y de las repercusiones que ésta va a tener en el mundo en términos económicos, tecnológicos y sociales, pero poco sobre cuáles son los factores que definirán lo que se espera sea el mayor salto tecnológico en la historia de la humanidad.

La cuarta revolución industrial utiliza la inteligencia artificial y la información en tiempo real para aumentar la productividad y reducir los costos. Se caracteriza por la confluencia de tres grandes retos: asimilar los avances tecnológicos desarrollados por la denominada Industria 4.0, asumir el cambio de los modelos de producción, consumo y distribución desde un modelo lineal hacia una economía circular sostenible y responsable, y afrontar de manera efectiva la mayor amenaza a la que se ha visto expuesto el ser humano en toda su historia: el cambio climático.

Industria 4.0

En 2011 se acuñó en Alemania el término Industria 4.0 para referirse a la informatización, digitalización y automatización de la fabricación, lo que se considera como la cuarta revolución industrial. Se caracteriza por la incorporación masiva de las tecnologías de la información a toda la cadena de valor de los procesos relacionados con la industria. Esta integración se traduce en la optimización e interacción de los procesos de investigación y desarrollo, diseño, producción, logística y prestación de servicios asociados. La clave del concepto radica en el flujo de información a través de las capas organizativas de la empresa y a través del ciclo de vida del producto. Para conseguir esta fluidez, es necesario conectar lo que hasta ahora eran "nichos" de sistemas aislados y distanciados entre sí.

La principal característica de la Industria 4.0 es la interconexión de procesos, productos y servicios, a través de la utilización masiva e intensiva de internet móvil, de sensores y de inteligencia artificial, permitiendo la optimización de la eficiencia de un modo global. La industria 4.0 se define como un procedimiento de fabricación "inteligente", digitalizado, en el cual todos los procesos se interconectan y relacionan entre sí, dando lugar a la creación de oportunidades de innovación, y, en consecuencia, al incremento de la productividad y de la competitividad industrial. Además, la automatización, la robótica y el "Big Data" crean el caldo de cultivo perfecto para que la Inteligencia Artificial (IA) pueda cambiar la manera en que las fábricas operan y entienden la producción a gran escala.

La inteligencia artificial aporta beneficios importantes, como son la mejora de los procesos, la reducción de los costes, el mejor uso de los recursos, la reducción de errores de producción, y genera más calidad y mayor eficiencia. A todo ello, se suman las ventajas que pueden aportar al proceso las revolucionarias técnicas representadas por la nanotecnología, la ingeniería genética y los llamados "sistemas ciberfísicos", en los cuales se integran con efecto sinérgico la digitalización y la automatización con los procedimientos industriales clásicos.

El desarrollo tecnológico ha democratizado el acceso a las herramientas de diseño y fabricación, a través de la generalización de internet y la reducción de los precios del software. Esta realidad da paso a una nueva generación de emprendedores que revolucionan el actual modelo de fabricación lineal, basado principalmente en la estandarización y en grandes volúmenes de producción, proponiendo en su lugar nuevos modelos de negocio más flexibles y adaptados a la producción de bienes y servicios ajustados a las necesidades reales de los consumidores.

Uno de los principales puentes entre el mundo físico y el virtual en la Industria 4.0 es el llamado "Internet de las Cosas" (IoT – Internet of Things), apoyado por el "cloud computing", bases de datos "en la nube" que ayudan a gestionar grandes volúmenes de información. Además, la reducción de los costes de producción de sensores permite hoy en día la conexión masiva de billones de estos instrumentos a sistemas utilizados en distintas empresas alrededor del mundo. Esta realidad da lugar a un cambio radical en los modelos de producción, consumo y distribución a nivel global, redefiniendo los esquemas de interrelación con los productos y los servicios, y permitiendo la optimización operativa a través de la monitorización y el control en tiempo real.

Industria 4.0 y economía circular

Es probable que el año 2016 será considerado un año histórico, ya que durante este período la gran mayoría de los países ha llegado al consenso de considerar el cambio climático como la mayor amenaza que debe hoy afrontar el ser humano. Afortunadamente, aunque con considerable retraso, se ha comenzado a tomar medidas concretas a nivel global contra esta amenaza, como ha quedado señalado en el acuerdo del COP21 en París.

Por definición, la economía circular es un modelo sostenible, reparador y regenerativo que se basa en tres enfoques fundamentales: uso de energías renovables, eficiencia energética y gestión eficiente y responsable de todo tipo de recursos. La economía circular, apoyada en la Industria 4.0, puede jugar un rol importante en la transformación de los modelos de negocio, particularmente si se orienta hacia el desarrollo del "modelo de producto considerado como servicio". De acuerdo con este modelo, el uso generalizado del "Internet de las Cosas", junto con la adopción de una filosofía de responsabilidad por parte de empresas y consumidores a lo largo de todo el ciclo de vida del producto o servicio, puede "liberar" el potencial de la economía circular, sobre todo en un mundo donde se espera que 50 billones de productos estarán conectados a internet el año 2020.

La economía circular propicia el uso y la creación de nuevas tecnologías que permiten la transformación hacia modelos de negocio propios de la cuarta revolución industrial. Junto con otras iniciativas de gran actualidad, como el *On-Demand Products* y la

Sharing Economy, a las cuales se aludirá más adelante, contribuye a hacer frente a lo que algunos creen ser su mayor amenaza: la potencial y temida "destrucción" de empleos. Pero lo que ocurre en la práctica es precisamente lo contrario. La economía circular plantea la intervención en todo el ciclo de vida de los productos y servicios, mejorando la calidad y optimizando la eficacia, la disponibilidad y la seguridad de los mismos, potenciando la creación de gran número de Industrias 4.0, las que a su vez requieren de mayor número de profesionales especializados, cuyo trabajo genera valor añadido y es mejor remunerado.

Alcanzar objetivos de mejora en las esferas del empleo y de la productividad no es una simple especulación, tal como se señala en el Paquete de Economía Circular, presentado en Diciembre de 2015 por la Comisión Europea. En él se estima que la transición hacia un modelo circular en la UE podría aumentar la productividad en un 30% hacia el año 2030, incrementando el PIB hasta en un 1%, y dando paso a la creación de dos millones de empleos de alta calidad.

La Industria 4.0 está destinada a introducirse en varios sectores antes de lo imaginado. Por lo tanto, será preciso tomar medidas para controlar el enorme impacto que causará, entre otros, sobre el empleo y las condiciones de trabajo, haciendo hincapié en lo referente a formación y reciclaje de los trabajadores, y a la adopción de nuevos esquemas organizativos en las empresas.

Industrialización, desarrollo y economía circular en países emergentes

La Conferencia de las Naciones Unidas sobre comercio y desarrollo (UNCTAD) apoya a los países emergentes en su trayectoria de acceso a los beneficios de una economía globalizada, más justa y eficaz. La UNCTAD lo hace preparándolos para hacer frente a los posibles inconvenientes de una mayor integración económica, y apoya a dichas naciones a través de la provisión de análisis y asistencia técnica. Esto les ayuda a usar la tecnología, a impulsar el comercio, las inversiones y los aspectos financieros, todos ellos factores clave para asegurar el desarrollo sostenible. La UNCTAD sirve a los ciudadanos de todos los países que conforman la organización, y junto con otros departamentos y agencias de Naciones Unidas, fomenta las medidas conducentes a alcanzar los objetivos de desarrollo sostenible, tal y como patrocina la Agenda 2030 de Naciones Unidas.

Si bien la cuarta revolución industrial ya se considera un hecho de efectos y consecuencias inevitables, es preocupante saber que actualmente el 16% de la población no puede siquiera disfrutar de los beneficios de la segunda revolución industrial, debido a que no cuenta con acceso a la electricidad, y un 50% no cuenta aún con los beneficios de la tercera revolución industrial al no disponer de acceso a Internet. Es el caso de numerosos países emergentes. Sin embargo, la cuarta revolución industrial, junto con la implantación de la economía circular, representa una valiosa oportunidad para desarrollar proyectos inmediatos de industrialización del tipo 2.0 en países emergentes, creando empresas de ingeniería, industrias y tecnologías innovadoras. Afortunadamente, el espíritu emprendedor y la sensibilidad ambiental emergen con fuerza en algunas de estas naciones, hecho que queda demostrado si se observa el crecimiento que experimentan sus economías, el potencial que subyace en gran parte de ellas, y las oportunidades concretas que en este sentido puede generar la adopción de los principios de la economía circular.

Los cambios en los modelos de consumo, producción y distribución son cada vez más rápidos y trascendentes. La cuarta revolución industrial ya está en marcha, y en las naciones emergentes la adopción simultánea de la economía circular constituye un factor de impulso y de creación de sinergias para lograr que el desarrollo y el progreso conduzcan hacia la sostenibilidad, aprovechando los beneficios que forjan las acciones enfocadas con criterios preventivos.

Esta es la única vía para evitar repetir los errores especulativos y el despilfarro de épocas pasadas, y para propiciar la participación en esta nueva estrategia de todos los sectores, tanto del ámbito público como privado.

II – ECONOMIA CIRCULAR: UN RETO Y UNA OPORTUNIDAD

VENTAJAS ECONÓMICAS DE LA ESTRATEGIA CIRCULAR

- Crecimiento económico
- Ahorros netos de costes de materias primas
- Creación de valor
- Creación de empleo
- Innovación

VENTAJAS AMBIENTALES DE LA ECONOMÍA CIRCULAR

- Prevención de riesgos y gestión equilibrada de recursos naturales
- Reducción de emisiones de Dióxido de Carbono
- Reducción del consumo de materias primas
- Mejora de la productividad y de la calidad del suelo
- Reducción de externalidades negativas

VENTAJAS EMPRESARIALES DE LA ECONOMÍA CIRCULAR

- Incremento de la productividad y de la competitividad
- Generación de beneficios
- Reducción de la volatilidad y aumento de la seguridad de los suministros
- Generación de demanda de nuevos servicios empresariales
- Estímulo de mayor interacción con los clientes

VENTAJAS DE LA ECONOMÍA CIRCULAR PARA LA SOCIEDAD Y PARA LOS CIUDADANOS

- Incremento de la renta disponible
- Aumento de la calidad y reducción del precio de productos y servicios
- Reducción de la obsolescencia
- Mejoras en prevención, seguridad y salud ambiental

VENTAJAS ECONÓMICAS DE LA ESTRATEGIA CIRCULAR

Crecimiento económico

El valor del crecimiento económico derivado de la adopción de la economía circular, definido según el PIB, se obtiene principalmente como resultado de la combinación de los mayores ingresos derivados de las actividades circulares emergentes, y de la reducción de los costes de producción por la utilización más productiva de los insumos. El cambio en el valor de los insumos y productos de las actividades de producción afecta al suministro, la demanda y los precios de toda la economía, propagándose a todos los sectores de actividad, y provocando una serie de efectos indirectos que conducen a incrementar el crecimiento total.

Entre esos efectos se incluye el incremento del gasto y del ahorro que resulta del aumento de la renta familiar, lo que a su vez se traduce en el incremento de la remuneración de la mano de obra. Considerados en forma conjunta, estos efectos contribuyen a una variación positiva del PIB. En una senda de desarrollo económico circular, se estima que el PIB europeo, por ejemplo, podría crecer hasta un 11% hacia el año 2030, y alcanzar un 27% en el año 2050, si se le compara con los porcentajes respectivos del 4% y el 15% que se lograrían manteniendo el actual escenario de desarrollo.

Ahorros netos de costes de materias primas

De acuerdo con los nuevos modelos de producción, diversos análisis e investigaciones permiten asegurar que, en los sectores de manufactura de productos complejos de duración media de la Unión Europea, en un escenario de economía circular avanzado, la posibilidad de ahorro neto anual de costes de materias primas es considerable.

En el caso de los bienes de consumo de alta rotación, como es el caso de los alimentos, se calcula que, si se adoptan modelos de gestión basados en la economía circular, el potencial adicional de beneficios puede ser de gran importancia en todo el mundo. Además, numerosos análisis de sectores específicos señalan que, adoptando estrategias circulares, es posible reducir considerablemente los costes en vertederos, facilitar la necesaria restauración de los suelos, y procesar los subproductos y residuos orgánicos para su compostaje y posterior empleo como fertilizantes agrícolas.

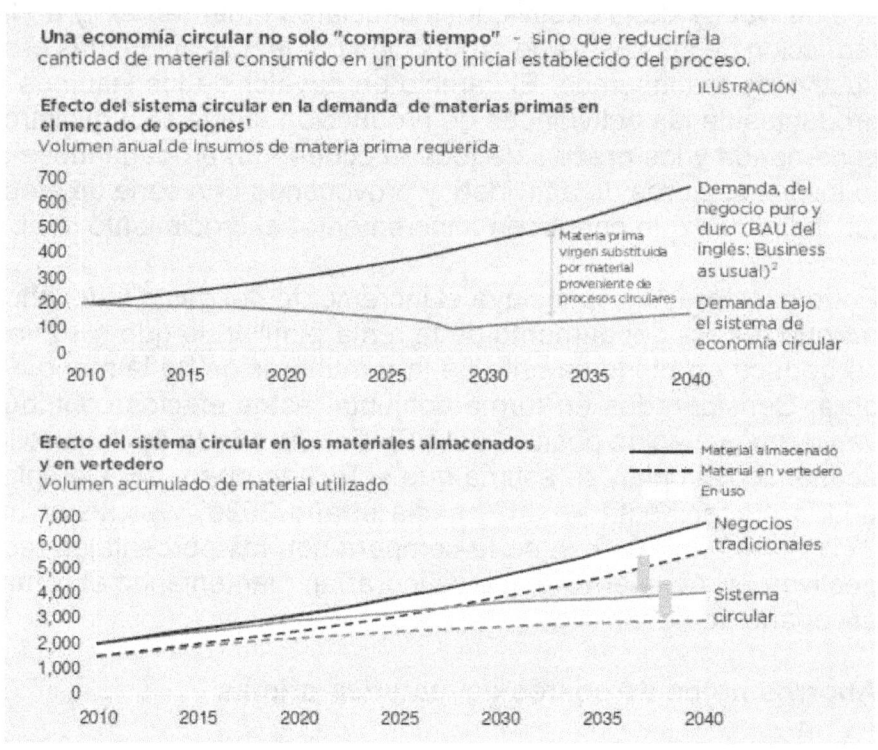

Figura 7 – Efectos de la Economía Circular en la demanda y almacenaje de materias primas
Fuente: Ellen MacArthur Foundation

Creación de valor

Cualquier aumento importante en la productividad material produce un impacto positivo en el desarrollo económico, con independencia del efecto directo que puedan tener los modelos circulares en sectores específicos. El modelo circular, como mecanismo para repensar el actual modelo de desarrollo, demuestra ser un poderoso marco de impulsión, capaz de generar soluciones creativas y de estimular la innovación.

El enfoque circular ofrece a las economías desarrolladas una vía de crecimiento estable y resistente, una respuesta para reducir la dependencia de los recursos primarios y finitos, y una forma de atenuar la exposición a situaciones críticas de precios de los recursos. Además, por esta vía las empresas pueden obviar con éxito y en buena medida importantes costes sociales y ambientales.

La economía circular desplazará el uso de materiales intensivos en energía y de extracción primaria. Creará un nuevo sector dedicado a las actividades de ciclo inverso para permitir la reutilización, la restauración, la refabricación y el reciclaje de los componentes técnicos, por un lado, y en el ámbito de los ciclos biológicos, favorecerá procesos tales como la digestión anaeróbica, el compostaje y el uso en cascada de residuos y subproductos de tipo orgánico, tales como los derivados de las actividades agroalimentarias.

Al mismo tiempo, las economías emergentes se podrán beneficiar de la adopción de la economía circular, al no verse atrapadas por determinadas tendencias tecnológicas que las condenen a ser cautivas de modelos obsoletos poco ajustados a sus condiciones y necesidades reales, por mucho que estos esquemas de desarrollo hayan sido aparentemente válidos en otros lugares, en otras épocas y en otras circunstancias.

No hay que despreciar el hecho de que muchas naciones avanzadas adoptaron en su día modelos de desarrollo que las condujeron al éxito económico a costa de hipotecar importantes activos y recursos escasos y finitos, los mismos que en principio se intenta hoy en día proteger mediante la aplicación de los principios y fundamentos de la economía circular. También hay que tener en cuenta que los mercados emergentes son en algunos casos mucho más intensivos en el uso de materias primas que las economías avanzadas, y, por lo tanto, pueden esperar incluso mayores beneficios y ahorros mediante la adopción preventiva de modelos de negocio circulares.

La aplicación en la práctica de los principios y herramientas de la economía circular permite impulsar cuatro fuentes generadoras de valor, cuyos efectos refuerzan las ventajas económicas del modelo de desempeño basado en sus fundamentos. Tales fuentes de valor son las reseñadas a continuación.

- **Círculo Interior**: cuanto más estrecho sea el círculo, más valiosa será la estrategia. Reparar y mantener un producto preserva la mayor parte de su valor. Si esto no es posible, cada uno de los componentes puede reutilizarse o volver a fabricarse. Esto preserva más valor que el simple reciclaje de los materiales. Los círculos internos preservan mayor integridad, complejidad, mano de obra y energía en la fabricación de un determinado producto.

- **Circulación durante más tiempo**: se refiere al número de ciclos consecutivos y/o al tiempo de permanencia de los productos en cada ciclo. Por ejemplo, es posible ampliar el tiempo de circulación reutilizando el producto varias veces, o ampliando su período de vida útil. Cada ciclo prolongado permite reducir la materia prima, la energía y la mano de obra que conllevaría crear un nuevo producto o componente. En el caso de los productos que requieren consumo de energía al ser utilizados, como es el caso de los electrodomésticos, su período óptimo de vida útil deberá tener en cuenta la optimización de su rendimiento energético a lo largo del tiempo.

- **Uso en Cascada**: se refiere a la reutilización diversificada a lo largo de toda la cadena de valor. Por ejemplo, la ropa de algodón, que se vuelve a utilizar primero como ropa de segunda mano, para luego pasar a la industria del mueble como relleno de fibra de tapicería, y cerrar finalmente el círculo cuando este relleno de fibra es utilizado como aislamiento en la construcción. Esta opción permite evitar la introducción de recursos nuevos en el circuito productivo, y reutilizar en cambio materiales de valor antes de ser reincorporados de forma segura a la biosfera cuando se ha aprovechado todo su potencial como recurso.

- **Insumos Puros**: las ventajas de utilizar materias primas "limpias", sean nuevas, recicladas o recuperadas, radica en que el flujo de materiales no contaminados favorece e incrementa la eficiencia y la eficacia durante las etapas necesarias para su recogida y redistribución. De este modo, se asegura y mantiene el nivel de calidad, especialmente el de las materias técnicas, lo que a su vez aumenta la longevidad de los productos manufacturados, e incrementa la productividad de los procesos de fabricación.

Creación de empleo

Los nuevos modelos de producción, sobre todo aquellos que implican el uso de las avanzadas tecnologías derivadas de la digitalización y de la automatización, están destinados a generar empleos de alta especialización. Desde este punto de vista, la adopción de la economía circular, cuyo desarrollo debe ser llevado a cabo mediante el uso generalizado de sistemas de producción, distribución y servicios vinculados al uso de dichas tecnologías, puede contribuir sin duda alguna al fomento del empleo, tanto desde el punto de vista cualitativo como cuantitativo.

Por otro lado, la economía circular trae también consigo la generación de mayor empleo local, especialmente en puestos de trabajo de baja y media especialización, lo que permite afrontar uno de los problemas más serios que afectan a las economías de los países desarrollados: el desempleo y el empleo precario y de baja calidad.

La constatación de esta realidad es sólo indicadora del inicio de una serie de escenarios transformativos de creación de valor que se expande mientras las tecnologías y modelos de negocio circulares se van diseminando a escala global. Es probable que, en el futuro, durante el período de transición hacia la economía circular, aparezcan nuevos modelos de negocio y tecnologías que actúen como catalizadores dentro de este contexto.

Estos nuevos nichos de empleo pueden inicialmente parecer modestos en cuanto a su impacto, y manifestarse solamente en mercados muy específicos. Pero es previsible que en los próximos quince años los nuevos modelos de negocio representarán ventajas competitivas importantes, porque en sí mismos serán capaces de crear interesantes cuotas de valor añadido por cada unidad de recurso utilizada. Además, es probable que cumplirán también con otros requerimientos del mercado, asociados a garantizar la mayor seguridad en el suministro, a ofrecer mayores ventajas para los consumidores, y a contribuir en la reducción de los efectos y costes en materia ambiental.

En un mundo de nueve o diez mil millones de consumidores enfrentados a una feroz competencia por los recursos, las fuerzas del mercado favorecerán aquellos modelos que mejor combinen conocimiento especializado y colaboración intersectorial, creando mayor valor por unidades de recursos, en relación con aquellos modelos que se apoyan exclusivamente en la extracción y en la producción. La selección natural favorecerá modelos híbridos y ágiles capaces de extender rápidamente el concepto circular a mayor escala, ya que estarán mejor adaptados a un planeta que necesita cambios, y que está siendo transformado de modo sustancial por la propia sociedad civil.

Se han llevado a cabo estudios comparativos relacionados con los efectos en el empleo de la transición a la economía circular. Dichos estudios confirman los efectos positivos que puede tener en el empleo la adopción de los principios de la economía circular, que se deben principalmente al aumento del gasto, impulsado, entre otros factores, por la reducción de los precios en diferentes sectores, por el aumento de la intensidad del empleo de mano de obra en actividades de reciclaje, recuperación y reutilización, y por la necesidad de cubrir trabajos que requieren de alta cualificación en sectores específicos y en operaciones de refabricación.

Hoy es posible afirmar que las nuevas oportunidades laborales no se limitarán a la refabricación y al incremento productivo de las grandes corporaciones, puesto que los efectos positivos de la economía circular sobre el empleo son también susceptibles de obtener en entornos mucho más amplios y diversos. Los empleos se crearán también en numerosos sectores industriales mediante el desarrollo de la logística inversa, en pequeñas y medianas empresas por medio de la innovación, la creatividad y el emprendimiento, así como en la economía basada en los servicios, un sector destinado a ser muy dinámico en el contexto del mundo globalizado. En cualquier caso, no hay que olvidar que la circularidad es un concepto pluridisciplinar y multisectorial, por lo cual es importante diferenciar el impacto neto esperado en el empleo en cada uno de los diferentes sectores en que se implante la economía circular en sustitución del modelo lineal. Sin lugar a dudas, este planteamiento ayudará también a los responsables pertinentes a formular estrategias y a diseñar políticas dirigidas a neutralizar los posibles impactos negativos del cambio.

A largo plazo, el empleo guardará estrecha correlación con la innovación y con la competitividad, hecho que en principio fortalecerá el escenario circular. En este sentido, las previsiones efectuadas por expertos indican que no se puede dejar pasar una oportunidad estratégica enfocada hacia un futuro más competitivo y más sostenible. Implementando modelos inspirados en la circularidad, se estima que en Europa será posible aumentar la productividad de los recursos, incrementar el PIB y generar una cantidad importante de nuevos empleos, tomando como referencia el horizonte del año 2030.

Innovación

Las iniciativas de sustituir los productos fabricados de modo lineal por bienes circulares por "diseño", así como la creación de redes logísticas inversas y otros sistemas de apoyo a la economía circular, representan poderosos estímulos para generar nuevas ideas. Entre las ventajas que origina una economía innovadora basada en el ejercicio del "ecodiseño" y de la "ecoinnovación", se incluyen mayores tasas de desarrollo tecnológico, empleo de materias primas derivadas del reciclaje y la recuperación, creación y formación de mano de obra especializada, mejora de la eficiencia energética, y oportunidades de optimizar la competitividad y la rentabilidad de las empresas.

Todo proceso de ecoinnovación ha de desarrollarse estimulando la colaboración entre empresas y entre diferentes sectores productivos, para así generar sinergias aprovechando el intercambio de opciones en las cuales se apliquen los principios de la circularidad. La colaboración entre las empresas y los centros tecnológicos, así como el trabajo organizado dentro de diferentes "clúster" de enfoque específico, pueden también contribuir de modo positivo a planificar con agilidad las actuaciones conducentes a la adopción de modelos sostenibles de producción, de negocio y, en consecuencia, de consumo.

Por la importancia que tiene la innovación como motor de la circularidad y como fuente generadora de ventajas para las empresas, en un capítulo posterior se analizará con mayor detalle lo referente a la ecoinnovación y al ecodiseño, aspectos fundamentales a tener en cuenta dentro de las estrategias conducentes al arraigo de los principios de la economía circular.

VENTAJAS AMBIENTALES DE LA ECONOMÍA CIRCULAR

Prevención de riesgos y gestión equilibrada de los recursos naturales

La Prevención constituye una herramienta consolidada que ha demostrado su validez en el entorno más inmediato de las personas, como es el ámbito de la seguridad y de la salud laboral. Sin embargo, al plantear con sentido global la sostenibilidad y la gestión de recursos sobre la base de la economía circular, sus principios deben ser aplicados de modo amplio y transversal a todos y cada uno de los aspectos que permitan garantizar la estabilidad del planeta y la calidad de vida de sus habitantes, incluyendo en el proceso el compromiso de participación proactiva y responsable de todos los agentes implicados en ello.

El tiempo ha confirmado la validez de las previsiones y de los postulados generados durante las Conferencias de las Naciones Unidas sobre el Medio Ambiente. Durante la primera, la de Estocolmo, realizada en 1972, entre otros aspectos se divulgó una declaración que destacó las características y los límites del modelo tradicional de crecimiento entonces vigente. Pasados más de cuarenta años, salvo tímidas incursiones por parte de algunas organizaciones e instituciones públicas y privadas, aún no han sido adoptadas las medidas elementales y definitivas para reorientarlo de modo verdaderamente eficaz.

Nadie discute hoy la necesidad de tomar medidas para evitar las catástrofes y desastres naturales que acosan cada día con mayor frecuencia e intensidad a países del mundo entero, todas ellas resultado de no tomar a tiempo las medidas para evitarlas, o al menos, para reducir sus efectos negativos. Se cuenta actualmente con medios, métodos y sistemas que los avances tecnológicos ponen a disposición para ser empleados con éxito en la prevención de este tipo de calamidades, entre los cuales, por citar los más conocidos, están la meteorología, las herramientas de geolocalización vía satélite, las técnicas avanzadas de gestión agropecuaria, forestal y de recursos hídricos, y las opciones de formación, divulgación y sensibilización pública por la vía de Internet y de las redes sociales. Todo ello, sin descartar la valiosa contribución que, en materia de control y vigilancia ambiental, pueden prestar de modo solidario y organizado la policía y las fuerzas armadas.

Aplicada con proyección transversal en el ámbito planetario, la prevención en materias ambientales constituye para los países industrializados no solo un reto de obligado cumplimiento, sino también una valiosa alternativa para frenar el deterioro de los recursos de la tierra, y asegurar por esta vía su sostenibilidad. Pero también representa para ellos una herramienta reactiva de gran valor a la hora de corregir los efectos negativos a los cuales han conducido modelos de desarrollo y de progreso a menudo marcados por la irresponsabilidad, la imprudencia y el ejercicio del despilfarro.

En países emergentes, actuar aplicando criterios preventivos constituye un ineludible compromiso, pero también una verdadera oportunidad, aquella que surge de aprovechar el análisis de los errores ajenos del pasado, extraer de ellos las lecciones pertinentes, y capitalizar todo este conjunto en beneficio de la adopción de iniciativas políticas, sociales y económicas que conduzcan a la consolidación de un planeta acogedor, equilibrado y estable.

En todo caso, la adopción de los principios circulares constituye una sólida base para poner en práctica los fundamentos de la prevención de acuerdo con enfoques globales y transversales, un requisito ineludible para lograr la sostenibilidad integral. Pero este enfoque no solo debe ser aplicado a la gestión de los recursos, sino también a todo lo referente a los residuos, área en la cual no solo se ha de hablar de prevención en términos cuantitativos, sino también en sentido cualitativo, puesto que la prevención cualitativa consiste en reducir la peligrosidad de los residuos para evitar efectos nocivos en los seres vivos y el medio ambiente. Reducir o restringir el uso de sustancias peligrosas es también un requisito previo para la implantación de la economía circular, ya que supone favorecer de modo prioritario el empleo de insumos "puros" y la recirculación de materiales valiosos, simplifica los procedimientos para establecer la simbiosis industrial, y permite reducir los costes de la recogida selectiva y de los procesos de reciclaje de residuos.

Reducción de emisiones de Dióxido de Carbono

En Europa, a través de estudios llevados a cabo por diversos organismos, entre los cuales destaca la Fundación Ellen MacArthur, ha sido posible llegar a la conclusión de que una senda de desarrollo económico circular podría reducir a la mitad las emisiones de dióxido de carbono de aquí al año 2030, si se parte de la comparación con los niveles de emisión actuales. Ello significaría la reducción del 48% de las emisiones de dióxido de carbono relacionadas con la movilidad, los sistemas de alimentación y el entorno construido, cifra que podría elevarse hasta valores superiores al 80% en el horizonte del año 2050.

Además, los análisis efectuados en sectores específicos señalan que el Reino Unido, por ejemplo, podría reducir las emisiones de gases de efecto invernadero en 7,4 millones de toneladas al año, tan solo evitando que los residuos orgánicos sean depositados en vertederos.

Reducción del consumo de materias primas

Estudios específicos estiman que, orientando la producción por la senda del desarrollo económico circular, es posible reducir el consumo de materias primas en un 32% de aquí al año 2030, y en un 53% de aquí al año 2050, con respecto a la actualidad.

Estas cifras han sido estimadas en función de la optimización en el uso de materiales y demás recursos empleados en sectores industriales diversos y en la construcción, en la aplicación de políticas circulares en el ámbito del empleo de fertilizantes sintéticos, pesticidas y uso del agua en la agricultura, y en la reducción del consumo de combustibles fósiles y electricidad no renovable.

Mejora de la productividad y de la calidad del suelo

El deterioro del suelo supone en todo el mundo un coste estimado anual de 40.000 millones de dólares, sin tener en cuenta los costes ocultos derivados del aumento del uso de fertilizantes, de la pérdida de biodiversidad y de la degradación de entornos paisajísticos singulares. Aplicando los principios de la economía circular es posible incrementar la productividad del suelo, reducir los residuos en la cadena de valor de la alimentación, y recuperar el valor de la tierra y del suelo como activos, al devolverles los nutrientes mediante la acción espontánea de los mecanismos naturales y resilientes de los ciclos ecológicos.

Al movilizar el material biológico a través de procesos de compostaje o de digestión anaeróbica para luego devolverlo al suelo, la economía circular permite reducir la necesidad de reposición mediante el empleo de nutrientes adicionales. Por este conducto, el uso sistemático de los residuos orgánicos como fertilizantes puede ayudar a regenerar el suelo y a sustituir los abonos químicos en cantidades dignas de consideración.

Si se actúa de acuerdo con un enfoque económico circular y de "regeneración dinámica" en los sistemas de alimentación, el consumo de fertilizantes sintéticos en Europa puede llegar a reducirse hasta en un 80% de aquí al año 2050.

Reducción de externalidades negativas

Es fácil deducir, porque hechos concretos así lo demuestran, que la economía circular propicia la gestión eficaz de las externalidades negativas, tales como el mal uso del suelo, la contaminación acústica, del aire y del agua, el vertido de sustancias tóxicas, y el cambio climático.

Un claro ejemplo de externalidad negativa lo constituye la pérdida de tiempo ocasionada por la congestión del tráfico de vehículos en ciudades y carreteras. La adopción de modelos circulares en el ámbito de la movilidad y del transporte puede beneficiar a los ciudadanos al inducir, mediante estrategias adecuadas, nuevos modelos de comportamiento en este terreno, así como en el del diseño urbanístico. Se estima que por esta vía es posible reducir el coste del tiempo perdido como consecuencia de las congestiones en un 16% en el año 2030, y en casi un 60% en el año 2050.

Por la importancia que adquiere la movilidad cuando se la enfoca desde el punto de vista de la economía circular, se volverá a analizar este aspecto con mayor detalle en posteriores apartados.

VENTAJAS EMPRESARIALES DE LA ECONOMÍA CIRCULAR

Incremento de la productividad y de la competitividad

Eliminar residuos de la cadena industrial mediante la reutilización de los materiales a su máximo, permite a las empresas reducir los costes de producción y la dependencia de los recursos primarios. Además, los beneficios de la economía circular no son sólo de índole operativo, sino también estratégico, ni son exclusivos para la industria, porque además benefician a los clientes, usuarios y consumidores, convirtiéndose así tanto en una fuente de eficiencia como de innovación.

Adoptando los principios de la economía circular, las empresas se benefician de ahorros sustanciales netos en materias primas, y de la reducción de los riesgos de suministro y de la volatilidad de los precios. Además, les permite incrementar la motivación para desarrollar la innovación y generar puestos de trabajo, mejorar la productividad y la competitividad, y garantizar la estabilidad de la economía a largo plazo.

Generación de beneficios

Las empresas a título individual pueden reducir el coste de los insumos y, en algunos casos, generar flujos de beneficios totalmente nuevos, si funcionan de acuerdo con esquemas circulares. Estudios recientes demuestran que la adopción de enfoques de economía circular en relación con la fabricación de productos complejos de duración media y de bienes de consumo de alta rotación, puede contribuir, para citar algunos ejemplos, a generar las siguientes ventajas:

- El coste de refabricación de teléfonos móviles puede reducirse en un 50 % por dispositivo si la industria fabrica aparatos con componentes más fáciles de separar, si se propicia el ciclo inverso, y si se ofrece a los usuarios incentivos para incorporarlos al circuito de reciclaje.

- Las lavadoras de ropa de alta gama resultan más accesibles para la mayoría de los hogares si se alquilan en lugar de adquirirse, ya que los clientes ahorran con esta opción aproximadamente un tercio por ciclo de lavado, y el fabricante incrementa en torno a un tercio su beneficio.

- Puede generarse un flujo importante de ingresos si se procesan los residuos de alimentos de los hogares, de la hostelería y de la restauración.

- Es posible obtener un beneficio significativo en la elaboración de cerveza si los salvados de las cerveceras se venden para ser utilizados como fertilizantes o combustible.

- Por otro lado, los costes de envasado, procesamiento y comercialización de cerveza pueden reducirse alrededor de un 20 % si se usan envases de cristal retornables y reutilizables.

- Se estima que cada tonelada de ropa usada, recogida y clasificada puede generar importantes ingresos y beneficios a través de su reutilización.

Reducción de la volatilidad de los precios e incremento de la seguridad de los suministros

El paso a la economía circular supone un menor uso de materias primas vírgenes y un mayor uso de insumos reciclados, lo que reduce la exposición de las empresas a los precios de las materias primas, cada vez más volátiles, y genera mayor resiliencia ante esta situación. También se reduce la amenaza de interrupción de las cadenas de suministro por culpa de desastres naturales o desequilibrios geopolíticos, ya que la descentralización de los proveedores ofrece la posibilidad de contar con fuentes alternativas de recursos productivos.

Generación de demanda de nuevos servicios empresariales

La economía circular puede generar la demanda de nuevos servicios empresariales, como, por ejemplo:

- Recogida y logística inversa que aumenten la vida útil de los productos que se reintroducen en el sistema.
- Comercialización a través de plataformas que permitan prolongar la vida útil y la reutilización de los productos, y que faciliten la reincorporación de residuos y subproductos a los circuitos de fabricación.
- Fabricación de nuevas piezas y componentes, y reacondicionamiento de productos que requieran técnicas y conocimientos especializados.

La recogida, el desmontaje, el reacondicionamiento de productos, la reintegración en el proceso de fabricación, y el poner los artículos al alcance de los usuarios, requieren de competencias especializadas y del conocimiento detallado de los procesos. En la mayoría de los casos, es posible aplicar economías de escala entre fabricantes cuyas actividades son afines o complementarias, generando sinergias y nuevas oportunidades de negocio para las empresas que comparten los recursos dentro del circuito productivo.

Estímulo de mayor interacción con los clientes

Las soluciones circulares ofrecen a las empresas nuevas formas para interactuar de forma creativa con los clientes. Ciertos modelos de negocio, tales como el alquiler o el contrato de arrendamiento ("leasing", "renting") establecen una relación a más largo plazo entre la empresa y sus clientes, ya que el número de contactos entre ellos se incrementa a lo largo de toda la vida útil del producto o del servicio.

Estos esquemas comerciales ofrecen a las empresas la oportunidad de poder conocer las pautas de uso que pueden conducir a un ciclo íntegro de productos mejorados, a un mejor servicio y a una mayor satisfacción del cliente.

VENTAJAS DE LA ECONOMÍA CIRCULAR PARA LA SOCIEDAD Y PARA LOS CIUDADANOS

Incremento de la renta disponible

El análisis de tres de los sectores más importantes para la sociedad: movilidad, alimentación y entorno de la construcción, permite llegar a la conclusión de que el desarrollo económico circular puede incrementar de modo significativo la renta disponible de una familia media como resultado de la reducción del coste de los correspondientes productos y servicios, y de la conversión de tiempo improductivo en productivo. Este hecho se hace patente si se tiene en cuenta, por ejemplo, la reducción de los costes derivados de la pérdida de tiempo en desplazamientos ocasionada por la congestión del tráfico.

Aumento de la calidad y reducción del precio de productos y servicios

La mejor calidad y el mayor beneficio económico para los clientes pueden obtenerse aprovechando la mejor relación calidad / precio que ofrecen los modelos circulares. Las opciones de elección por parte de los ciudadanos aumentan, ya que las empresas ofrecen la posibilidad de personalizar los productos o servicios para satisfacer mejor las necesidades "reales" de los clientes, estimulando la mejor adaptación de la oferta a una demanda más objetiva, y reduciendo las posibilidades de compra compulsiva.

Reducción de la obsolescencia

Los productos fabricados para durar o para ser reutilizados repercuten en el presupuesto de los ciudadanos y en su calidad de vida. Si el cliente evita la obsolescencia, podrá reducir considerablemente los costes totales de propiedad y dispondrá de mayor comodidad, ya que evitará las dificultades que conllevan las reparaciones y las devoluciones.

Mejoras en prevención, seguridad y salud personal y ambiental

Es un hecho que la contaminación del aire y del agua, la deficiente gestión de residuos y de los recursos hídricos, el vertido incontrolado de aguas residuales y la carencia de infraestructuras y servicios de saneamiento y potabilización adecuados, favorecen la dispersión de agentes contaminantes, a la vez que constituyen factores de riesgo para la salud y el bienestar de la población. La contaminación atmosférica provoca en Europa más de 450.000 muertes al año, diez veces más que los accidentes de tráfico, y es la principal causa de enfermedades respiratorias y muertes prematuras, motivo por el cual la Comisión Europea fija límites estrictos a la hora de controlar las emisiones de los principales agentes contaminantes del aire: dióxido de azufre, amoníaco, compuestos orgánicos volátiles, óxidos de nitrógeno y partículas finas. Las medidas de control van igualmente encaminadas a mejorar la calidad de los ecosistemas y a reducir los agentes causantes del cambio climático.

Es igualmente evidente que el deterioro del paisaje y del ambiente físico, manifestado como consecuencia de la degradación de bosques, lagos y cuencas hidrográficas, y el impacto visual que genera la gestión deficiente e incontrolada de residuos, son también fenómenos que erosionan considerablemente la salud ambiental, así como el bienestar y el estado emocional de las personas.

La realidad se muestra cada vez más compleja e incierta. Los efectos del cambio climático, la necesaria transición hacia una economía baja en carbono, las innovaciones tecnológicas y de los procesos de producción, el crecimiento demográfico o los cambios en los modelos de consumo, provocan situaciones que causan impacto social y riesgo de profundas desigualdades. Pero también hay que reconocer que hoy en día se dispone de herramientas que permiten evitar, o al menos controlar de modo eficaz, estos y otros problemas y agresiones, que, en caso contrario, pueden poner en entredicho la posibilidad de garantizar la sostenibilidad de un ambiente acogedor para la sociedad.

Teniendo en cuenta las implicaciones y consecuencias que tiene para la seguridad, la salud y el medio ambiente, la gestión integral de la prevención adquiere especial relevancia y trascendencia, tanto desde el punto de vista técnico como social y económico. Se trata de un asunto que debe asumirse con profesionalidad en cualquier sector de actividad, con visión estratégica, enfocado hacia el logro de la eficiencia en medios y de la eficacia en resultados, respetando los principios básicos de la sostenibilidad. Por otro lado, modificar las tendencias y características del crecimiento y de los hábitos de consumo constituye un requisito indispensable para establecer las adecuadas condiciones de vida en un planeta más equitativo, estable y respetuoso con el entorno natural. La complejidad del universo contemporáneo, la globalización, la interdependencia de los sistemas económicos, y los consecuentes impactos sobre la sociedad, refuerzan la idea del desarrollo sostenible como única respuesta a estos desafíos.

Pero también se han de tener en cuenta otros aspectos de naturaleza personal que condicionan hoy en día las actitudes y el comportamiento de la sociedad civil cuando se habla de prevención. La evolución cultural, el auge de los medios de información y comunicación, y el imparable proceso de consolidación del "estado de bienestar", configuran un perfil de ciudadano cada vez más exigente en cuanto atañe a "calidad", en el sentido más amplio del término. Y el término "prevención" adquiere su máximo significado cuando la sociedad reclama, con fundamentada autoridad moral, exigencias asociadas a los conceptos de seguridad, salud e higiene ambiental. Son frecuentes las reivindicaciones que se manifiestan cuando los ciudadanos intentan ejercer sus derechos en este ámbito a través de las organizaciones sindicales, los comités de empresa o los medios de comunicación.

La preocupación y la sensibilidad de la sociedad en relación con la seguridad y la prevención de riesgos generan una creciente demanda de recursos y servicios especializados en este terreno. Alcanzar, y luego mantener, niveles óptimos en materia de seguridad e higiene ambiental, ha de ser el objetivo fundamental de la prevención. Es sobre la base de esta premisa que se ha de proyectar cualquier estrategia de prevención basada en los principios de la economía circular, pero este principio se ha de aplicar de modo transversal y en el sentido más amplio del término, es decir, el de la prevención dirigida no solo al individuo en su entorno inmediato de vida y trabajo, sino también al ámbito de la gestión sostenible de todos los recursos del planeta.

La economía circular, utilizada como herramienta de prevención, puede generar considerables ventajas, tanto desde el punto de vista económico, como del medio ambiente, de la higiene y de la salud pública. Esta afirmación no es una simple declaración de intenciones idealistas, ni la expresión de una utopía, sino una constatación basada en argumentos objetivos producto de iniciativas innovadoras que ya han demostrado sus frutos en la práctica.

III – ECONOMIA CIRCULAR: UNA PROYECCION ESTRATEGICA

AREAS Y SECTORES ESESENCIALES PARA LA IMPLANTACION DE LA ECONOMIA CIRCULAR

- Residuos
- Recursos hídricos
- Energía
- Entorno urbano y edificios
- Industria
- Agricultura y alimentación
- Movilidad y logística
- Medio ambiente

ESTRATEGIAS FUNDAMENTALES PARA LA IMPLANTACION, DESARROLLO Y CONSOLIDACION DE LA ECONOMIA CIRCULAR

- Ecodiseño, ecoinnovación y fabricación de productos "circulares"
- Nuevos modelos de organización empresarial
- Ciclo Inverso

CATALIZADORES DE LA CIRCULARIDAD

- Políticas económicas y financieras
- Plataformas colaborativas
- Nuevo marco económico
- Nuevos modelos de producción y fabricación
- Nuevos modelos de distribución
- Cambio de paradigmas de comportamiento social
- Nuevos estilos de uso y consumo
- Nuevas tecnologías

ESTIMULOS, RETOS Y CONDICIONANTES DE LA ECONOMIA CIRCULAR

- Investigación, promoción, difusión e información
- Formación y educación
- Incentivos económicos y fiscales
- Incentivos sectoriales
- Responsabilidad Social Corporativa
- Proyección transversal y multisectorial
- Gobernanza
- Indicadores para la evaluación de resultados

AREAS Y SECTORES ESENCIALES PARA LA IMPLANTACION DE LA ECONOMIA CIRCULAR

Debido a las posibilidades que ofrecen a la hora de generar ventajas económicas, sociales y ambientales con mayor rapidez, son nueve las áreas y sectores en los cuales se justifica la adopción prioritaria de criterios de gestión integral basados en los principios y fundamentos de la economía circular:

- Residuos
- Recursos hídricos
- Energía
- Entorno urbano y edificios
- Industria
- Agricultura y alimentación
- Biomasa y bioeconomía
- Movilidad y logística
- Medio ambiente

A continuación, se analizan las características más destacables de cada uno de estos sectores.

Residuos

La actual tasa de generación de residuos está estrechamente relacionada con el nivel de ingresos. El nivel de vida y el ingreso de la población van en aumento, por lo que se prevé que en 2050 el mundo generará más de 13.100 millones de toneladas de residuos, alrededor de un 20% más que en 2009. Incentivar el uso y el consumo más eficientes, así como la mayor recuperación de residuos a través de la formulación de políticas públicas sensatas, puede contribuir a reducir el flujo de residuos asociado al incremento del nivel de vida, y evitar así el derroche en el futuro.

Es indudable que la recuperación de residuos es una alternativa que permite un amplio margen de mejora, puesto que actualmente tan solo el 25% de los residuos se recupera o se recicla. Concretamente, hoy en día en España alrededor del 60% de los residuos acaba depositado en vertederos, un porcentaje notablemente superior al de la Unión Europea, donde esta cantidad es del 30%.

Las políticas regulatorias y de precios a nivel estatal desempeñan un papel importante para orientar a industrias y consumidores hacia un uso más eficiente de los recursos. Entre todas las corrientes de residuos, la gestión de los provenientes de equipos eléctricos y electrónicos (e-waste), que contienen sustancias valiosas, pero también algunas peligrosas y complejas, es la que está experimentando un crecimiento más rápido, tanto en los países industrializados como en los de economía emergente.

Los beneficios que se conseguirían mediante la economía circular permitirían reciclar casi todos los residuos electrónicos, de los cuales se estima que actualmente se recicla solo un 15%. A nivel mundial, en un escenario de inversión verde, la tasa de reciclaje en 2050 sería más de tres veces superior al nivel proyectado actualmente, y la cantidad de residuos que llega a los vertederos se reduciría en más del 85%. En cuanto a los beneficios para el clima, las emisiones de metano de los vertederos proyectadas para 2030 disminuirían entre un 20% y un 30%, a un coste negativo.

La producción de residuos constituye un importante problema no solo como tal, sino también si se tiene en cuenta sus repercusiones en la sociedad, en las personas y en el medio ambiente cuando su gestión es deficiente. Los residuos se generan antes, durante o como consecuencia de actividades industriales, urbanas, de servicios y domésticas, independientemente de su tamaño y condición específica. Cualquier insuficiencia en la manipulación, transporte, procesamiento y destino de un determinado residuo puede generar situaciones que deben ser controladas aplicando rigurosos procedimientos de seguridad y prevención de riesgos, hecho que adquiere aún mayor relevancia si se tiene en cuenta la enorme cantidad de residuos y la diversidad de fuentes desde las cuales son generados.

Se ha de tener también en cuenta que algunos materiales, sub productos y productos residuales son de naturaleza especialmente peligrosa. Otros, más grave aún, son consecuencia de la irresponsabilidad y del despilfarro, como es el caso de los alimentos: fuentes dignas de crédito estiman que un tercio de la producción mundial de alimentos para las personas se pierde o desperdicia. Desde el punto de vista de la ética, esta situación es inaceptable para gran parte de una sociedad que, en plena era de la globalización, reivindica de modo insistente el estado de bienestar.

Los métodos tradicionales de gestión de residuos se basan principalmente en la incineración y en el depósito en vertederos. Estas técnicas implican un coste importante, no solo por lo que supone la recogida, traslado, procesamiento y manipulación de una cantidad y de una variedad cada vez mayor de productos residuales, sino también por el impacto que generan en la sociedad, la salud pública y el medio ambiente. Dicho impacto se hace evidente, por ejemplo, cuando se manifiestan la contaminación del aire por compuestos orgánicos e inorgánicos, la producción de gases de efecto invernadero, las emisiones de dioxinas, la contaminación de aguas superficiales y subterráneas por lixiviación, escurrimiento y percolación, y la generación de la conocida "lluvia ácida". Si a ello se suma el desaprovechamiento de productos susceptibles de reutilización, reciclaje o recuperación, el impacto económico de estos procedimientos, aunque con frecuencia no es percibido, es aún mayor, y se ve agravado por la inercia de no utilizar métodos que permitan estimar, medir y valorar los flujos de residuos. Lo peor es que por esta vía se desprecia la ocasión de detectar a tiempo las oportunidades de generar beneficios y de optimizar la eficiencia ambiental global.

Como algunos afirman, "un residuo es un recurso situado en un lugar equivocado", y su existencia es la demostración patente de que algo no está funcionando bien en los procesos productivos y en la prestación de servicios de la era globalizada. Implantar y consolidar la economía circular, propiciando el ahorro integral de recursos y eliminando el derroche y el despilfarro, exige avanzar más allá de la simple teoría y de la declaración de buenas intenciones. El reto implica abordar los problemas específicos de cada sector, y encontrar las técnicas adecuadas para resolverlos.

Sin lugar a dudas, a través de la reincorporación a los ciclos productivos de materiales residuales o subproductos que de otro modo serían desperdiciados, o incluso, mediante el desarrollo de nuevos productos, o la generación de energía a partir de materias primas residuales, es posible generar un importante valor añadido en dichos ciclos, a la vez que se favorece la reducción de los costes operativos y se fomenta el empleo. Todo ello, siempre y cuando se adopten métodos de valoración adecuados y objetivos, y que a la vez se optimicen de modo innovador las técnicas y procedimientos de producción sostenible, aplicando el principio de que "el residuo ideal es aquel que no se genera". En definitiva, se trata de replantear de modo responsable los esquemas de producción y los modelos de negocio, tanto dentro de una determinada empresa, como en el ámbito de la colaboración entre empresas e instituciones afines o complementarias, orientándolos directamente hacia la economía sostenible.

Un resumen sintetizado de la variedad de residuos generados en el mundo contemporáneo de la industria y de los servicios, susceptibles todos ellos de ser reincorporados a las cadenas de producción, queda reflejado en la Tabla 3 de la página siguiente. Es fácil deducir de esta lista las múltiples oportunidades de negocio que pueden surgir de la valorización de estos materiales transformándolos en nuevos recursos, y la posibilidad de generar nuevos campos de actividad económica y fuentes de empleo basados en su reutilización o comercialización

ORIGEN Y TIPOS DE RESIDUOS REVALORIZABLES

ORIGEN DE LOS RESIDUOS	RESIDUOS REVALORIZABLES
PAPEL	• Cartón Ondulado • Bolsas de papel • Periódicos • Papel de Embalaje • Papel informático • Otros papeles de uso en oficinas • Revistas, catálogos, guías de teléfono • Papeles especiales • Recortes de papel y papel residual
VIDRIO	• Botellas y contenedores de vidrio • Otros envases y contenedores • Vidrios planos • Envases y contenedores especiales
METAL	• Envases de hojalata y acero • Estructuras diversas • Otros materiales ferrosos • Otros metales no ferrosos • Envases de aluminio • Restos metálicos y material residual
PLASTICO	• Envases y contenedores HDPE • Envases y contenedores PETE • Envases y contenedores especiales • Film de plástico • Elementos de plástico durable • Restos de plástico y material residual
MATERIA ORGANICA	• Alimentos • Hojas, hierbas • Restos de poda • Ramas • Restos y excedentes agrícolas • Estiércol y purines • Textiles • Restos orgánicos residuales
CONSTRUCCION Y DERRIBOS	• Hormigón • Asfalto de pavimento • Asfalto impermeabilizante • Madera y leña • Yeso, escayola, cerámica • Piedras, tierra, arena, áridos • Residuos de canteras y actividades mineras • Otros desechos y materiales varios
RESIDUOS DOMESTICOS PELIGROSOS	• Pinturas, disolventes, decapantes • Líquidos y fluidos para vehículos • Aceites • Baterías y pilas • Otros residuos de uso domestico
RESIDUOS ESPECIALES	• Cenizas • Productos químicos peligrosos • Lodos de depuradoras • Lodos industriales • Medicamentos • Residuos hospitalarios • Neumáticos • Desguace de vehículos y estructuras • Elementos a granel • Residuos radioactivos • Amianto • Mezclas de residuos

Tabla 2 – Origen y Tipología de Residuos Revalorizables

Es en este punto, independientemente de otros no menos importantes, donde aplicar los principios de la economía circular puede aportar indiscutibles ventajas tanto para los sectores productivos como para la sociedad y el medio ambiente. Para ello, se ha de actuar aplicando de modo inteligente los principios de la sostenibilidad, basando las correspondientes estrategias en la prevención, la innovación, los avances de la tecnología y, por qué no mencionarlo, el sentido común.

Recursos Hídricos

La superficie del planeta está constituida por un 30% de tierra y un 70% de agua. De este 70%, el 97% corresponde a agua salada, y el 3% a agua dulce. A su vez, el 69% del volumen de agua dulce de la tierra está en estado de hielo en glaciares y casquetes polares, el 30% es agua subterránea, y solo un 1% es agua disponible a nivel superficial.

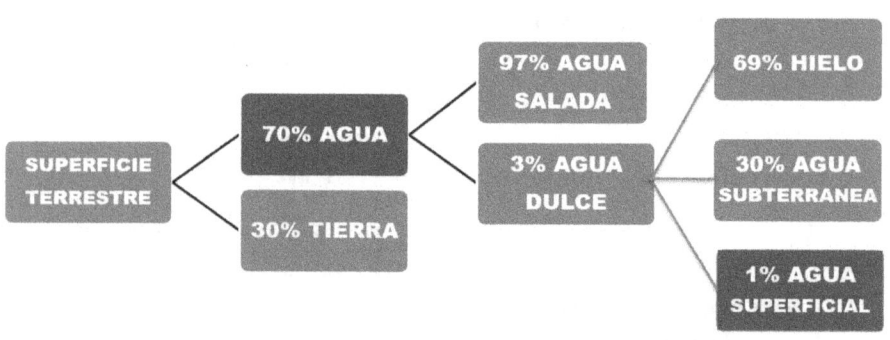

Figura 8 – Esquema de distribución del Agua en el Planeta Tierra

El uso del agua es también un factor determinante en la configuración del esquema de su distribución y utilización como recurso. Tal y como queda reflejado en la Tabla 4, persisten a nivel mundial serios desequilibrios entre regiones en la distribución del agua, y también entre las ciudades y los entornos rurales, y buena parte de la población del mundo aún no tiene acceso al agua potable.

La agricultura, actividad básica para la alimentación del hombre, utiliza el 11% de la superficie terrestre, pero en cambio, es responsable de alrededor del 70% de las extracciones de agua, cifra que se eleva hasta el 90% en los países en vías de desarrollo, cuya economía se basa fundamentalmente en actividades agrícolas.

El uso del agua en la agricultura aumenta de modo continuo a medida que crece la población mundial y la consecuente demanda cuantitativa y cualitativa de alimentos, a lo cual hay que añadir los efectos de las sequías crónicas, producto del cambio climático, y la contaminación global, factores que afectan directamente la calidad y la cantidad de agua disponible y su distribución en todo el planeta.

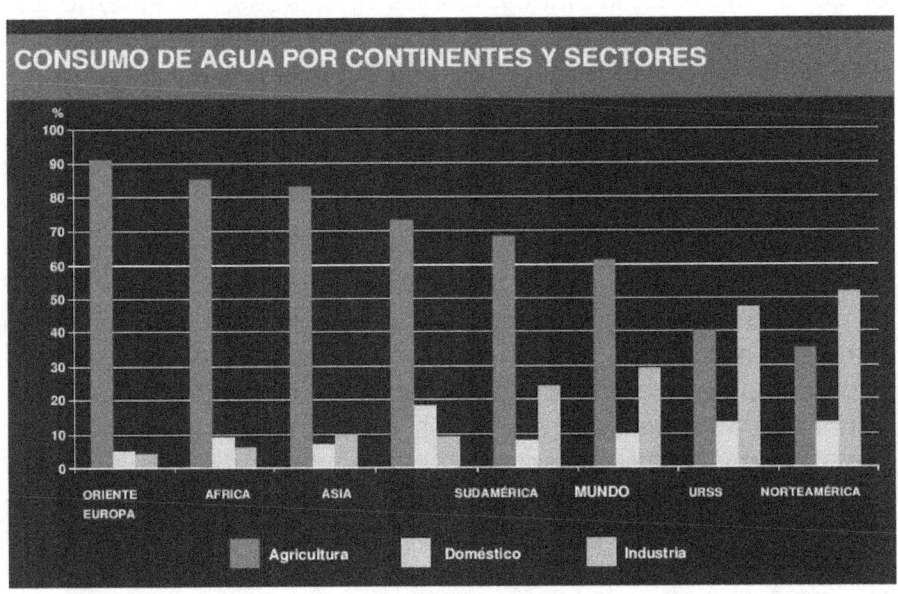

Figura 9 – Diagrama esquemático del consumo de Agua en el mundo   Fuente: FAO

Por otro lado, las actividades agrícolas de tipo extensivo son responsables de la contaminación del agua por el mal uso de fertilizantes y pesticidas, por la deficiente gestión de los purines, y por el empleo de técnicas de regadío que no tienen en cuenta el uso racional del agua, incrementando su consumo indiscriminado más allá de las necesidades reales.

La industria, por su lado, protagoniza más del 20% de la demanda de agua, y es responsable de buena parte de su contaminación y de la producción de aguas residuales que requieren de procesos de depuración.

Además, la gestión de los recursos hídricos se ha de tener en cuenta al analizar lo que ocurre como consecuencia del rápido aumento de la urbanización, otro factor que desencadena no solo el incremento de residuos, sino además el consumo y el vertido de aguas residuales, con el coste añadido de su depuración y regeneración. Como contrapartida, al margen de los métodos tradicionales disponibles para controlar estos problemas en zonas urbanas, las innovaciones vinculadas a la emergencia del fenómeno "Smart City" pueden también generar interesantes expectativas de mejora en el ámbito del ciclo del agua. Es igualmente posible lograr avances sustanciales en este terreno fomentando la toma de conciencia y la adopción de hábitos de consumo responsables por parte de la ciudadanía.

La producción de energía es también responsable del consumo de entre un 10% y un 15% del agua superficial disponible, si se tiene en cuenta su uso en centrales térmicas y nucleares, independientemente de la generación hidroeléctrica, una opción ajustada al aprovechamiento del ciclo hídrico natural. Esta realidad constituye un motivo suficiente para promover métodos y fórmulas alternativas y sostenibles de generación de electricidad, y mejorar las posibilidades de reciclaje y recuperación de agua en este sector.

Naciones Unidas estima que la población mundial alcanzará los 10.000 millones de personas en el año 2050, realidad que llegado ese momento generará un incremento del 55% en la demanda de agua. A la vista de las anteriores constataciones, resulta evidente la necesidad de propiciar iniciativas que permitan gestionar los recursos hídricos del planeta aplicando los principios de la prevención y de la sostenibilidad, a la vez que se los integra dentro de un esquema de economía circular. En la industria, esta alternativa es factible, tan solo aplicando con rigor técnicas y procedimientos de depuración y reutilización que han sido confirmados como opciones válidas en este sentido.

Si se reorientan los procesos productivos, se estimula el ecodiseño de productos, edificios e infraestructuras, incluyendo los del entorno urbano, y se procura por estas vías reducir el consumo de agua y cerrar el ciclo hídrico, es posible lograr interesantes avances que conduzcan a la sostenibilidad y frenen la contaminación. En el ámbito agrícola, si se adoptan los principios de la economía circular, es posible avanzar en este terreno mediante la utilización de aguas regeneradas, el perfeccionamiento de las técnicas de cultivo, la racionalización del empleo de fertilizantes y pesticidas para evitar la contaminación de aguas superficiales y freáticas, y el empleo de sistemas de regadío innovadores que apuesten por el consumo equilibrado y racional del "recurso agua".

Las depuradoras, tanto las industriales como las urbanas, forman parte de un importante eslabón en la cadena de incorporación del ciclo del agua a la economía circular, ya que controlan y evitan los vertidos contaminantes, permiten retornar el agua al medio natural en condiciones ecológicamente aceptables, y mediante tratamientos especiales, convertirla en agua regenerada que es posible destinar a usos agrícolas e industriales.

Tanto en relación con los recursos hídricos como con el resto de recursos finitos de la tierra, todo es cuestión de adoptar actitudes y comportamientos responsables basados en la prevención, en la innovación y en la salvaguarda de la sostenibilidad.

Energía

El sector energético es responsable de dos tercios de las emisiones de gases de efecto invernadero, y se calcula que el coste del cambio climático, en términos de adaptación, ascenderá a entre 50 y 170 mil millones de dólares en 2030. La mitad de dicha cifra deberá ser asumida por los países en desarrollo, y es preciso tener en cuenta que muchos de estos países, importadores netos de petróleo, están también expuestos al incremento y a la inestabilidad del precio de los combustibles fósiles.

De la Figura 10 es fácil deducir que el consumo energético mundial está concentrado en las naciones más avanzadas e industrializadas del planeta. Este esquema es un claro indicador de que el reto que implica la optimización del uso de la energía, y, por lo tanto, su consideración dentro de los principios y objetivos de la economía circular, se ha de contemplar desde dos diferentes puntos de vista:

- El de las naciones avanzadas e industrializadas, para las cuales la optimización del uso de la energía, incluyendo la producción mediante métodos renovables y la reducción del consumo, se ha de plantear como una opción de obligado cumplimiento.

- El de las naciones emergentes, donde el aumento del consumo de energía irá inevitablemente asociado al proceso de desarrollo y de crecimiento de la población, y donde las medidas preventivas a adoptar en este terreno serán ineludibles, con el fin de evitar repetir los errores que en su día condujeron a las situaciones críticas provocadas por esquemas extractivos y de uso irresponsable.

Por otro lado, tal como queda reflejado en la Figura 11, el consumo de energía a nivel mundial mantiene un ritmo de crecimiento en aumento y de forma continuada, otra razón de peso para volcar con responsabilidad las iniciativas conducentes a la sostenibilidad no solamente hacia la optimización del consumo, sino también, hacia la utilización de fuentes renovables. Sin duda alguna, las iniciativas de producción sostenible de energía deben ir también acompañadas de la optimización de su distribución, procurando que el suministro sea equitativo y ajustado a las necesidades energéticas de cualquier punto del planeta,

Incrementar la producción y el uso de energía proveniente de fuentes renovables reduce los riesgos de incremento y volatilidad del precio de los combustibles fósiles, además de originar beneficios por efecto mitigación. En este sentido, también hay que destacar que el sistema energético actual, basado en los combustibles fósiles, es la principal causa del problema del cambio climático.

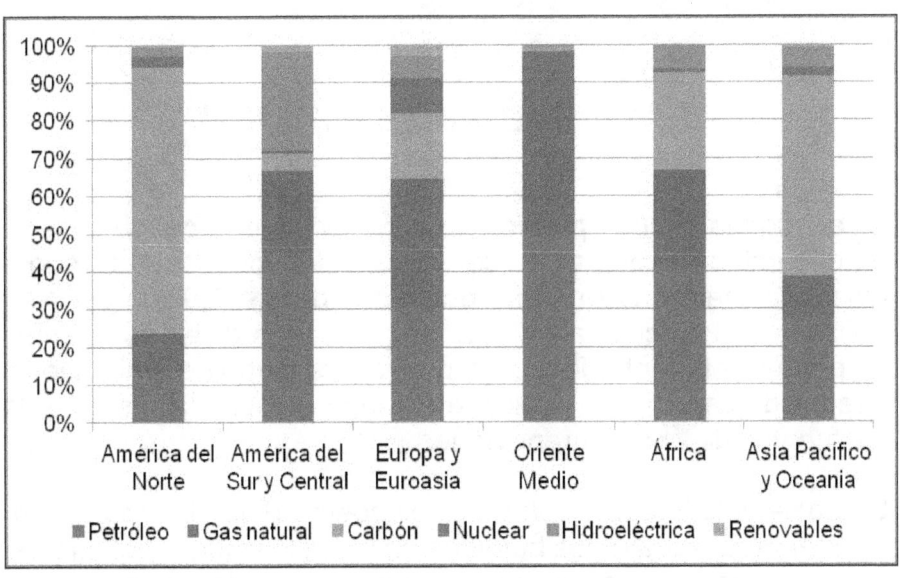

Figura 10 – Esquema de la distribución del consumo mundial de Energía por Fuentes
Fuente: B.P. Statistical Review of World Energy

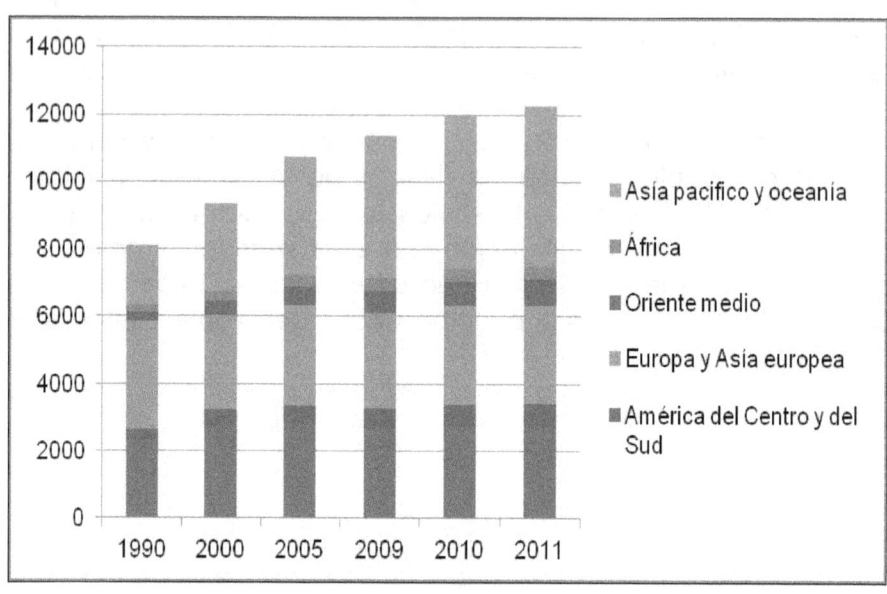

Figura 11 – Evolución del Consumo de Energía en el mundo – 1990-2011
Fuente: B.P. Statistical Review of World Energy

La economía circular propicia una transición energética basada en el cambio del actual esquema de distribución centralizado y unidireccional de la energía, por redes de distribución descentralizadas, bidireccionales, que integren a los diversos agentes de producción, tanto de gran envergadura como de ámbito local y reducida capacidad, y prioricen la incorporación al sistema de las fuentes de energía renovables.

Como se detallará más adelante, es posible dinamizar este cambio mediante estrategias basadas en la digitalización y el empleo de las tecnologías de la información y de la comunicación en todo el ciclo de la energía, y en todos y cada uno de los sectores más destacados del consumo final, considerando como tales a las ciudades y los edificios, a la industria y al transporte.

La transición energética basada en la circularidad ha de tener en cuenta el requisito de orientar la producción energética de todo el conjunto a la satisfacción de una demanda objetiva, que permita a los usuarios el consumo de energía de acuerdo con sus necesidades específicas. En este sentido, resulta interesante destacar que toda propuesta de cambio, si es planteada de modo atractivo, tiene la ventaja de movilizar de modo proactivo a la sociedad, sobre todo si a ésta se le da la opción de participar en la configuración de una demanda ajustada al aseguramiento de un suministro basado en los principios de la sostenibilidad.

Entorno urbano y edificios

Las ciudades, al concentrar personas sobre territorios geográficos reducidos, constituyen un escenario perfecto para liderar la implantación de la economía circular. Actúan como un eficaz caldo de cultivo para la innovación, al tiempo que también facilitan el intercambio de recursos, energía e información, y cuentan con suficiente población para probar nuevos modelos de negocio. En las ciudades es posible procesar y utilizar gran variedad de datos para optimizar, orientar y controlar la eficacia de diversos sistemas, tales como la demanda de energía, el transporte público, la gestión del agua y de los residuos, o la logística de la distribución.

Las ciudades son como un cuerpo vivo. Los metabolismos urbanos son complejos e interdependientes, y no es posible modificar una función sin producir algún impacto en las demás. A medida que el nivel de complejidad crece en las ciudades, se hace necesario un enfoque que ayude a construir resiliencia, en lugar de crear nuevos problemas. A la vez que estimula las oportunidades innovadoras de negocio, la economía circular puede también ayudar en la toma de decisiones en el ámbito urbano y a buscar soluciones sostenibles dentro de esta complejidad.

Hoy en día se dispone de herramientas eficaces para ir hacia una economía sostenible en el sector urbano. Esta visión adquiere especial relieve cuando se analiza el papel que puede desempeñar este sector como integrante de una economía basada en principios circulares. Es importante el potencial que tiene este sector como parte de un sistema amplio y en transición hacia la economía circular, puesto que las ciudades desempeñan un papel fundamental como motores de la economía global. De hecho, es en este sector donde se pueden generar importantes ventajas derivadas de la circularidad, ya que en él confluyen los tres pilares fundamentales de la sostenibilidad: la gestión de residuos, del agua y de la energía.

La transición urbana es ahora una realidad global. De acuerdo con estudios de Naciones Unidas, dos de cada tres personas vivirán en una ciudad en el año 2030, comparado con el 54% actual, el 30% de 1950, y el 66% previsto para el año 2050. Actualmente, en Europa el 75% de la población vive en ciudades, y en Estados Unidos la cifra es de más del 80%. En el año 2000, había más de 200 ciudades con más de un millón de habitantes y 23 metrópolis con más de 10 millones de ciudadanos. 2.500 millones de individuos se unirán pronto al grupo de personas que viven en las ciudades, fenómeno que será aún más acusado en los países en desarrollo, lo que conllevará importantes consecuencias para el transporte, la vivienda, la salud, el trabajo, la seguridad y las relaciones de convivencia. A pesar de que actualmente sólo ocupan el 2% del planeta, las ciudades ya albergan a la mitad de la población del mundo, consumen el 75% de la energía producida, y generan el 80% de las emisiones globales de CO_2.

En combinación con otros fenómenos, tales como la escasez de recursos hídricos y el cambio climático, la realidad urbana tiene un impacto muy significativo en la calidad de vida de los ciudadanos. El aumento constante de la flota de automóviles, asociada al aumento de la población, provoca la saturación de carreteras y ciudades. Esto conlleva importantes pérdidas económicas si se tiene en cuenta la reducción de la productividad de los trabajadores atrapados en los atascos, el aumento del precio de bienes y servicios, el aumento del coste del transporte debido a los atolladeros del tráfico, y el valor monetario equivalente a las emisiones contaminantes de los vehículos.

Para asegurar un futuro acogedor en las ciudades no sólo se requiere disminuir el impacto ambiental de las actividades humanas, sino también redefinir las condiciones de movilidad y acceso, la gestión de residuos, el transporte, el aislamiento de edificios y la gestión de la energía. Con un mínimo de imaginación y sentido común es posible deducir, por ejemplo, los beneficios económicos, ambientales y para los ciudadanos que subyacen, entre otros, en el aprovechamiento de los residuos urbanos orgánicos como fuente de recursos para la agricultura y para la generación de energía, y en la adopción de adecuados procedimientos y técnicas de recogida, procesamiento y logística, aproximando los ciclos industriales a los ciclos biológicos. Es verdad que el éxito de este tipo de iniciativas se basa en las decisiones tomadas por las propias ciudades, pero la toma de conciencia y la participación de todos los actores comprometidos con ellas son capitales cuando se trata de mejorar la calidad de vida de los ciudadanos y de asegurar la sostenibilidad del medio urbano.

En cuanto a los edificios, hay que destacar que, al igual que las ciudades, son entidades complejas y multisistémicas, con numerosos procedimientos individuales de control y mantenimiento enfocados a garantizar la seguridad y comodidad de sus ocupantes. A nivel mundial, los edificios consumen alrededor del 42% de toda la electricidad, más que cualquier otro activo, y se estima que en 2025 los edificios serán los mayores emisores de gases de efecto invernadero del planeta. Ante estos hechos, no es de extrañar que se estén realizando serios esfuerzos para abordar la eficiencia y la sostenibilidad en el sector de la edificación.

Es un hecho comprobado que los edificios consumen parte importante de la energía total mundial. Por lo tanto, es fácil deducir que en este entorno el potencial de ahorro es significativo, así como lo es la posibilidad de reducción de las emisiones de CO_2, con una rentabilidad de la inversión a muy corto plazo, tanto en los edificios en construcción como en los edificios existentes. Algunas estimaciones señalan que la mejora de la eficiencia energética de los edificios puede generar entre 2 y 3,5 millones de empleos sólo en Europa y los Estados Unidos. Considerando la demanda creciente de nuevas edificaciones, tales como viviendas sociales, hospitales y escuelas en los países en desarrollo, el potencial a nivel mundial es mucho mayor.

Debido a diversas condicionantes derivadas del actual contexto económico, las empresas centran su estrategia de negocio en su actividad principal, eludiendo los aspectos asociados a la gestión de sus activos inmobiliarios. Entre otros, el coste económico del uso y gestión de la energía es frecuentemente menospreciado, olvidando que constituye una componente importante de la cuenta de resultados. Gestionar adecuadamente la energía en los edificios tiene como fin optimizar, mediante actuaciones especializadas, el rendimiento y la eficacia de las instalaciones que la consumen. Recurriendo a equipos multidisciplinares de expertos y especialistas en estas materias, es posible hacer frente a los retos que plantea el creciente incremento de los costes energéticos, teniendo en cuenta un escenario estratégico proyectado a medio y largo plazo.

La incorporación de los principios de la economía circular al ámbito urbano ha de comenzar considerando a los edificios como factores determinantes de la sostenibilidad y de la optimización en el uso de recursos de todo tipo, de modo similar a lo que ocurre en los procesos productivos del sector industrial. En este punto, adquieren relevancia las iniciativas de arquitectura y edificación sostenible y bioclimática, que implican la consideración de criterios que se han de aplicar desde la fase de diseño, y a lo largo de todo el ciclo de vida de los inmuebles. Las principales características de este planteamiento son las siguientes:

- **Implantación y ubicación**: el proyecto constructivo ha de tener en cuenta la orientación del edificio, la latitud, la zona climática y el entorno inmediato para obtener una adecuada calidad ambiental. La consideración de la dirección de los vientos en invierno y en verano, así como la posición del sol durante todo el año, es muy importante para determinar los elementos bioclimáticos de cualquier edificio. Los edificios iluminados y ventilados de forma natural, así como los que utilizan fuentes de energía alternativas, constituyen inversiones muy rentables.

- **Optimización energética**: se debe procurar reducir el consumo y utilizar el máximo posible de energías renovables, con el objeto de cubrir las necesidades energéticas del edificio buscando la autosuficiencia y el autoconsumo, tal y como lo permiten, por ejemplo, las placas solares fotovoltaicas, las turbinas eólicas y los paneles termosolares.

- **Sistemas de automatización y gestión ambiental**: es aconsejable y ventajoso incorporar sistemas domóticos de gestión de energía para automatizar el control de la climatización y de la iluminación en los edificios. Instalar sistemas de regulación en instalaciones antiguas, reemplazar calderas anticuadas por equipos de condensación, y utilizar bombillas de bajo consumo, son claros ejemplos de medidas conducentes mejorar la eficiencia energética y las condiciones ambientales del edificio.

- **Materiales de construcción**: el empleo de sistemas pasivos de recubrimiento aislante, así como las fachadas ventiladas, aporta importantes ventajas económicas y técnicas en relación con el consumo energético, además de sus propiedades de aislamiento y protección solar, y de impermeabilidad frente a la lluvia y el viento. Es también posible disponer de este tipo de elementos elaborados con materiales 100% reciclables.

La instalación de elementos aislantes en la rehabilitación de edificios existentes puede reducir el consumo de energía hasta en un 60%.

- **Utilización de materiales ecológicos**: un requisito que parte de la premisa de que en los ecosistemas naturales no existe la "basura", entendida como tal desde el punto de vista coloquial. En la edificación, el desafío radica en el cierre completo del ciclo de los materiales, de modo que desde la etapa de diseño se prevea su reciclaje o su reutilización como tales, o como elementos mejorados que incrementen su valor.

Existen tecnologías que permiten el diseño sostenible de procesos y productos, de tal modo que su uso y consumo sean ambientalmente beneficiosos, tal y como sucede en los ecosistemas naturales. Los materiales para la construcción pueden igualmente diseñarse y producirse para ser retornados al medio ambiente de manera segura.

- **Innovación ecológica y ecodiseño**: es una opción de gran impacto en el sector de la edificación. Mediante la innovación ecológica, no solo es posible construir edificios sostenibles y eficientes, sino también con una imagen y unas condiciones que realzan su estética y sus condiciones de seguridad y confort.

  Los edificios diseñados aplicando criterios ecológicos son construidos reduciendo el empleo de materiales no reciclables y consumen menos energía, ajustándose a los criterios de la economía circular, y facilitando el incremento de su ciclo de vida útil, lo cual redunda también en sustanciales ahorros de índole económica.

- **Gestión eficiente del agua**: es una necesidad imperativa, ya que es indiscutible que el agua ejerce un impacto directo sobre la salud de las personas y la estabilidad ambiental. El agua, como recurso, es tanto o más importante que la energía, y su escasez en el mundo conduce a tener muy en cuenta que uno de los problemas más urgentes de resolver es garantizar la estabilidad de su abastecimiento.

  En un apartado anterior se hizo hincapié en la necesidad global de gestionar los recursos hídricos del planeta con rigor y responsabilidad, protegiendo un recurso que es limitado, y que es susceptible de deterioro como consecuencia de la contaminación, de las deficiencias en los sistemas de distribución, y del uso irresponsable que conduce al desperdicio. En el sector de la edificación se cuenta con diversos métodos y sistemas que permiten optimizar la gestión y el consumo de agua en los inmuebles en consonancia con los principios de la economía circular, tanto si se trata de viviendas, como de oficinas o inmuebles de pública concurrencia.

El reciclaje del agua es una de las formas más eficaces de preservación de este recurso natural, más visible aún que el ahorro de energía, puesto que es posible apreciarla, sentirla, controlarla y reutilizarla de modo cotidiano, personal y directo. Por otro lado, las medidas de ahorro de agua constituyen una forma tangible de poner en práctica los planteamientos de la sostenibilidad, y en el ámbito de los edificios, dichas medidas, como se destacará más adelante, son abundantes y relativamente fáciles de llevar a la práctica si antes se incentivan hábitos de comportamiento y consumo responsable por parte de los ciudadanos.

- **Construcción sostenible**: es otro de los principios fundamentales de la aplicación de la economía circular en el sector de la edificación. Cerca del 80% de la vida de las personas se desenvuelve en el interior de edificios, y la mayor parte del tiempo restante dentro de ciudades. La vida urbana ha provocado el distanciamiento del hombre de la naturaleza, y las personas han perdido el contacto con los ciclos estacionales naturales. También la arquitectura se ha distanciado de sus vínculos originales con los materiales locales, con las tradiciones, con los conocimientos populares y con la relación de unidad y armonía con el entorno. Las ciudades y los edificios se encuentran cada vez más desvinculados del territorio en todos los aspectos, menos el visual, y en este sentido resulta esencial recuperar una relación armoniosa entre los estilos de vida y su relación con el medio natural.

La descentralización y la descongestión urbana aparecen aquí como dos opciones a plantear si se desea vivir en ambientes más humanizados, y asegurar el uso de los recursos, incluidos el espacio y el territorio, de una manera más equilibrada.

- **Materiales de construcción**: se cuenta con una serie de herramientas de gestión ambiental para controlar, efectuar el seguimiento de las actuaciones, llevar a cabo medidas correctoras, y evaluar con mayor precisión el impacto de los materiales de construcción en el entorno. Estas herramientas se han de utilizar a lo largo de todo el ciclo de vida de dichos recursos, es decir, desde su extracción, procesamiento, transporte, y utilización, hasta su disposición final o eliminación.

  También es necesario medir la energía que se ha de invertir en las diferentes fases por las que han de pasar los materiales que se emplearán en la construcción, tales como su transporte, su procesamiento y su manipulación. En este sentido, son tres los principios que se han de respetar a la hora de gestionar y optimizar la energía que se gasta en los materiales de construcción:

  o Proceder al aprovisionamiento local de los materiales más pesados, como piedras, ladrillos y áridos, para reducir el impacto ambiental del gasto de energía en transporte, el ruido y la contaminación acústica.

  o Recurrir al aprovisionamiento global de los materiales ligeros, en los cuales la mayor parte de la energía viene incorporada desde su proceso de fabricación. La reutilización de estos materiales con posterioridad a su empleo inicial es importante para optimizar su ecuación energética a lo largo de toda su vida útil.

  o Potenciar la reutilización y el reciclaje. El análisis del ciclo de vida de los materiales pone de manifiesto la compleja realidad de su impacto ambiental, considerado desde un punto de vista integral. El potencial de reutilización y reciclaje debe ser tenido en cuenta en el proyecto constructivo, además de garantizar que toda la energía residual incorporada sea extraída y aprovechada antes de que el material o sus residuos no aprovechables sean depositados en un vertedero. Como ejemplo de este principio cabe citar el caso de generación de electricidad mediante el aprovechamiento de la energía generada por incineración de residuos combustibles, tales como la madera. Y la reutilización deberá permitir destinar a nuevos usos el material empleado con anterioridad en el proceso constructivo sin someterlo a ningún mecanismo importante de transformación.

- **Gestión de residuos**: los residuos generados por la construcción representan aproximadamente el cincuenta por ciento de los residuos que se depositan en vertederos, que además en ocasiones son gestionados de modo descontrolado. Se puede contribuir a la reducción de residuos de cuatro formas:

  o La estandarización y el diseño modular, incluida tanto la cadena de producción como la cadena de residuos.
  o La selección de materiales reutilizables, recuperados o reciclados con el fin de impulsar el reciclaje.
  o El diseño de edificaciones mediante montajes y uniones mecánicas, y el empleo de morteros de cal en lugar de cemento, aumentando de este modo las posibilidades de reciclaje.
  o El proyecto de edificios flexibles aptos para ser reutilizados. Dado que la duración estructural de un edificio suele ser mayor que la económica (más de 100 años en lugar de 50), se debería considerar sus posibles cambios y alternativas de uso a lo largo de su ciclo de vida útil.

El entorno de la construcción ha de evolucionar para ofrecer algo más que refugios. Las viviendas y oficinas han de ser edificios modulares, inteligentes, duraderos, sostenibles, diseñados y construidos con materiales susceptibles de ser integrados dentro de los ciclos de la economía circular. Sin lugar a dudas, con creatividad, innovación y crecimiento como elementos centrales, los entornos urbanos se deben convertir en focos de actividad económica circular, lo que posibilita la recirculación de materiales y recursos, así como la protección de los ciudadanos y del medio ambiente.

Industria

La manufactura, responsable del 23% del empleo mundial, es una fase clave en el ciclo de vida de las materias primas, que comienza con la extracción de los recursos naturales, y termina con su disposición final. En términos de utilización de recursos, el sector es responsable de aproximadamente el 35% del consumo eléctrico mundial, más del 20% de las emisiones de gases de efecto invernadero, y más de un cuarto de la extracción de recursos primarios. La industria es responsable, asimismo, de más del 20% de la demanda mundial de agua, una cifra que, según las previsiones, superara el 30% antes de 2030, compitiendo con el uso agrícola y urbano.

A medida que la industria manufacturera se expande en los mercados en desarrollo, también aumentan los riesgos asociados a la utilización de sustancias peligrosas contaminantes. Entre las actividades que plantean problemas de toxicidad se encuentran, por ejemplo, el tinte y el curtido de productos, los procesos de elaboración de papel, y las operaciones de fabricación a temperaturas elevadas, en los que la formación de subproductos o la emisión de metales y gases plantean considerables problemas. Además, la industria manufacturera es responsable del 17% de los daños a la salud relacionados con la contaminación del aire, con un coste asociado a los daños causados por la polución estimado entre el 1% y el 5% del PIB mundial, lo cual es muy superior a la inversión necesaria para poner en marcha la transición a la economía circular.

Aplicar criterios de economía circular en el sector industrial supone extender la vida útil de los productos, haciendo más hincapié en el rediseño, la refabricación y el reciclaje, que forman el núcleo de la producción en ciclo cerrado. Rediseñar los sistemas de producción implica diseñar de nuevo los productos para extender su vida útil, facilitando su reparación, reacondicionamiento, refabricación y reciclaje, sentando las bases de la fabricación en ciclo cerrado. Se estima que las operaciones de refabricación, que se basan en el nuevo procesamiento de productos y componentes usados mediante sistemas de recuperación, permiten ahorrar actualmente alrededor de 10,7 millones de barriles de petróleo cada año. El reciclaje promueve igualmente el uso de los subproductos del proceso de producción, y ofrece alternativas para sustituir determinados recursos en los modelos de producción.

Sin lugar a dudas, para alcanzar resultados destacables, la adopción de los principios de la economía circular en el sector industrial requiere de forma forzosa modificar los procesos productivos, mediante la adopción e incorporación de nuevos modelos de negocio y distribución, el aprovechamiento de las ventajas que ofrecen los avances tecnológicos, la digitalización y la robótica para implantar procesos y sistemas "ciberfísicos", y la puesta en marcha de modo inteligente de las estrategias de ecodiseño y ecoinnovación.

Agricultura – Alimentación

La creciente presión sobre los recursos naturales, el aumento de la desigualdad, los fallos en la distribución, y los efectos del cambio climático, son las principales causas que ponen en peligro la futura capacidad de la humanidad para alimentarse. La forma habitual de gestionar la agricultura no es una opción válida en el contexto de la circularidad, sino que hacen falta grandes transformaciones en los sistemas agrícolas, en las economías rurales y en el manejo de los recursos naturales. Además, el aumento de la producción alimentaria y el crecimiento económico implican a menudo considerables costes ambientales. Por ejemplo, muchos de los bosques que tiempo atrás cubrieron la tierra han desaparecido por sobreexplotación, las fuentes de agua subterránea se agotan peligrosamente, y la biodiversidad se encuentra seriamente amenazada.

La degradación del suelo por contaminación o mal uso representa unos costes estimados de alrededor de cuarenta mil millones de dólares anuales a nivel mundial, sin tomar en cuenta los costes ocultos del uso creciente de fertilizantes, de la pérdida de biodiversidad y del deterioro del patrimonio paisajístico. Mejorar e incrementar la productividad del suelo mediante prácticas sostenibles, reducir los residuos provenientes de la cadena de valor de los alimentos, y retornar nutrientes a la tierra, son algunos de los factores que pueden contribuir significativamente a enriquecer el suelo y a aumentar su valor como recurso. La economía circular aplicada a la agricultura, al movilizar el material biológico a través de la digestión anaeróbica o procesos de compostaje para garantizar el retorno de nutrientes al suelo, reduce la necesidad de utilizar fertilizantes químicos. Este es el principio básico del concepto de regeneración llevado a la práctica.

Las anteriores constataciones son claros indicadores de que los límites del planeta pueden verse superados si se mantienen las actuales tendencias. Como contrapartida, si se desea efectuar un análisis objetivo del futuro de la agricultura y de la alimentación mundial, se ha de partir de la consideración de las siguientes realidades, pese que, a primera vista, puedan parecer simples reflexiones de corte especulativo o catastrofista:

- Actualmente, se producen alimentos más que suficientes para alimentar a una población mundial sana, pero la pérdida de alimentos hace que de las 4.600 kcal por persona que se producen, sólo 2.000 están disponibles para su consumo.
- En Estados Unidos, el 40% de los alimentos se desperdicia cada año, y con ellos, 350 millones de barriles de petróleo y 40 billones de litros de agua.
- En la Unión Europea, se calcula que cada año se desperdician 88 millones de toneladas de comida, lo que equivale al 20% de los alimentos producidos.
- A escala mundial, se calcula que el desperdicio de alimentos equivale al consumo de la cuarta parte del agua utilizada en la agricultura.

- Los países de renta baja suelen sufrir pérdidas significativas de alimentos por falta de instalaciones de almacenaje y distribución, infraestructuras de procesamiento, plagas de los cultivos, y mal manejo de las explotaciones y de la cadena alimentaria.
- En el ámbito alimentario mundial, también hay que tener en cuenta que buena parte de los problemas de hambrunas crónicas y de desnutrición que afligen a muchas regiones y a multitud de seres humanos del planeta, obedece más a problemas de infraestructuras de almacenaje, transporte y distribución, que a problemas de producción.

Una estrategia importante para afrontar el reto de alimentar a la creciente población mundial sin aumentar la carga que supone la producción para el ambiente, es reducir los residuos alimentarios. Los investigadores calculan que, dada la magnitud de las pérdidas y los beneficios potenciales, una reducción del 50% de las pérdidas y los desperdicios de la cadena alimentaria, incluidas las inadecuadas prácticas agrícolas y los fallos posteriores a la cosecha, constituye un objetivo ineludible que se ha de perseguir de modo realista.

Es también interesante destacar el potencial y las oportunidades que hoy representa la práctica de la llamada "Smart Agro", una estrategia análoga a la de la "Smart City", puesto que se basa en la adopción de la digitalización y de las técnicas de cultivo y explotación de última generación. En igual sentido, la utilización del "Big Data" constituye otra herramienta de gran valor para digitalizar la agricultura del futuro orientándola hacia los principios de la circularidad, teniendo en cuenta que esta opción se centra en el desarrollo de aplicaciones que permiten la recogida de datos y su interpretación para mejorar la eficiencia de gran variedad de aspectos, tales como la racionalización del uso del agua en el riego, el control de plagas, la utilización de técnicas de cultivo innovadoras, y la optimización del almacenaje y de la logística de distribución. El "Big Data" es también utilizable para llevar a cabo auditorías, efectuar controles de trazabilidad, y basar la toma de decisiones en información estadística relacionada con la meteorología y la geolocalización, configurando una "agricultura de precisión" enfocada al manejo eficiente y sostenible de los cultivos.

El sector agrícola tiene el reto de alimentar a más de 9.000 millones de personas y aumentar un 70% la producción de alimentos de aquí al año 2050. Urge una profunda revolución tecnológica para hacer que las explotaciones en el campo sean más productivas, rentables y sostenibles. Además, teniendo en cuenta que la agricultura consume el 70% del agua disponible en la tierra, resulta imprescindible impulsar una gestión más eficiente del recurso hídrico en el regadío, apoyada en la tecnología, el conocimiento y la innovación.

Biomasa y Bioeconomía

Los residuos orgánicos originados en la agricultura, la silvicultura, o contenidos en la fracción orgánica de los flujos de residuos sólidos urbanos y de las aguas residuales que fluyen a través de los sistemas de alcantarillado, son habitualmente considerados como un problema, tanto en términos económicos como ambientales. Sin embargo, esta percepción puede revertirse mediante el diseño de sistemas de recuperación y procesamiento más efectivos, orientados a convertir los residuos orgánicos y la biomasa en una fuente de valor, y restaurar por esta vía el capital natural.

El potencial que tienen los residuos orgánicos y la biomasa generados desde diferentes fuentes es innegable, y el objetivo de procesarlos como recurso aplicando principios circulares, es aprovechar las oportunidades de extraer el valor que contienen en forma de energía, de nutrientes o de materiales susceptibles de ser reincorporados a los ciclos técnicos y biológicos.

Cada año se generan alrededor de 13.000 millones de toneladas de biomasa en todo el mundo para ser utilizada como alimento, energía y materia prima. Esta biomasa fluye a través de lo que se conoce como «bioeconomía». La participación de la bioeconomía en la economía global es mucho mayor en los mercados emergentes, donde se prevé que tendrá lugar el mayor crecimiento del consumo per cápita. En este contexto, el volumen de biomasa que fluye a través de la economía crecerá, ya que, como anteriormente fue reseñado, se estima que se deberá aumentar la producción de alimentos en un 70% de aquí al año 2050 para hacer frente a la demanda ocasionada por el aumento de la población mundial.

Las ciudades concentran en los espacios urbanos los alimentos procedentes de las zonas rurales. Hoy en día, casi ninguno de estos materiales regresa a la biosfera, lo que significa que los suelos agrícolas se están degradando, y cada vez requieren de más fertilizantes sintéticos para mantener adecuados niveles de productividad, lo que a su vez ocasiona desequilibrios de nutrientes. En cambio, la recuperación de nutrientes básicos, como el nitrógeno, el fósforo y el potasio, de los flujos de alimentos y de residuos animales y humanos, podría aportar a escala global casi 2,7 veces los nutrientes contenidos en los volúmenes de fertilizantes químicos actualmente empleados en la agricultura.

Es fácil deducir las ventajas de aplicar los principios de la bioeconomía y de la circularidad en este ámbito. El Foro Económico Mundial estima que los ingresos potenciales de la cadena de valor de la biomasa, que comprende la producción de insumos agrícolas, el comercio de biomasa y los resultados provenientes de las "biorrefinerías", son importantes a nivel mundial. Sin embargo, aunque tales iniciativas ofrecen considerables oportunidades comerciales y de mercado, plantean también numerosos desafíos. Aún persisten residuos estructurales significativos en la bioeconomía, ya que alrededor de un tercio de los alimentos que se producen anualmente en el mundo se desperdician, y continúan la pérdida de capital natural y la evidencia de externalidades ambientales negativas en el ciclo de la biomasa y de los recursos naturales, como consecuencia de la falta de políticas y de procedimientos de gestión sostenibles.

Movilidad – Logística

Como consecuencia del desarrollo, la logística y el transporte integran un sector de actividad en pleno crecimiento y expansión, caracterizado además por ser un proceso evolutivo condicionado por los consumidores, y cuya principal característica es la de participar en todo el ciclo producción – distribución – consumo. A lo largo de este camino, se ven incrementadas las necesidades de movilidad y transporte desde diferentes frentes, iniciándose con la demanda de movilidad privada y de transporte público, y terminando con la distribución y la logística de mercancías diversas, producto de las necesidades del comercio y de la industria.

La movilidad es responsable del consumo de una cuarta parte de la energía producida mundialmente, con una previsión de aumentar en un 30% hacia el año 2040. Desde el punto de vista del actual modelo de movilidad, este crecimiento supondrá una importante contribución tanto al cambio climático como al empeoramiento de la calidad del aire. Entre la mejora de la eficiencia energética y la electrificación prevista para el futuro, tendrán lugar diferentes etapas de transición, que, tanto las administraciones como la industria y las empresas energéticas y de infraestructuras, deberán incluir en sus agendas de innovación, incluyendo las opciones relativas a la movilidad y la logística.
La volatilidad de los precios de los combustibles fósiles, así como las dudas sobre la seguridad de su suministro, están llevando al sector de la movilidad a repensar sus estrategias de transición hacia nuevos modelos energéticos. Estas estrategias se pueden sintetizar en tres objetivos fundamentales, todos ellos enfocados a asegurar la sostenibilidad de la movilidad y del transporte:

- Mejora de la eficiencia: es una estrategia continuista basada en el desarrollo de motores más eficientes, en mejores combustibles y en la renovación de la flota de vehículos, estimulada, entre otros, por el surgimiento de una legislación cada vez más restrictiva.

- Uso de combustibles alternativos: requisito centrado en la búsqueda de opciones menos impactantes que los combustibles fósiles. A tales efectos resulta de valor la extensión del gas natural como energía transicional, y el desarrollo de biocombustibles más eficientes.

- Electrificación: este objetivo se alcanzará con la electrificación de la movilidad sobre la base de dos modelos alternativos y complementarios: la movilidad eléctrica a partir de baterías, y la opción basada en el hidrógeno. Para alcanzar este escenario, habrá que desarrollar tecnologías de almacenamiento, procesos de producción de energía basados en el hidrógeno, y generalizar el uso de energías renovables para a su vez alimentar estas tecnologías.

Alcanzar estos tres objetivos solo será posible como resultado de la evolución simultánea de sus correspondientes estrategias de desarrollo. En todo caso, por esta vía será posible facilitar el cambio y la adopción de nuevas tecnologías de gestión de la energía, de las flotas de vehículos y de los recursos, así como de nuevos modelos de negocio que aseguren la viabilidad económica de los modelos energéticos.

Al crecimiento de la demanda de movilidad y transporte, se suma también la demanda creciente de espacios e infraestructuras logísticas, dentro de un contexto de globalización acelerada, lo cual conduce de modo vertiginoso e inevitable a la congestión de las carreteras y de los espacios de aparcamiento, y a generar niveles críticos de movilidad en el interior de las ciudades. El impacto ambiental que genera una situación de esta naturaleza es indiscutible, sobre todo en lo que respecta a los episodios de contaminación y congestión, y a su influencia directa en el deterioro de las condiciones de salud e higiene de los ciudadanos. Como referencia, es interesante destacar que se estima que la movilidad es responsable de más del 50% de la contaminación en las ciudades.

Tanto en el ámbito urbano como fuera de él, el transporte es responsable de más de la mitad del consumo mundial de combustibles fósiles líquidos, y de la generación de casi un cuarto de las emisiones de CO_2 relacionadas con el consumo energético. Numerosos estudios indican que el coste ambiental y social de la logística y del transporte, en términos de agentes contaminantes del aire, accidentes de tráfico y congestión a nivel local, puede llegar, o incluso superar, el 10% del PIB de una región o país, cifra significativamente superior a las cantidades necesarias para impulsar la transición hacia una economía verde.

Las políticas para "enverdecer" el transporte y la logística, y conciliarlos con el desarrollo y el progreso, parten de tres principios fundamentales de desempeño, todos ellos estrechamente relacionados entre sí:

- Evitar o reducir los desplazamientos, conciliando la utilización del suelo y la planificación del transporte, y fomentando la producción y el consumo local, también llamado "de proximidad".
- Adoptar medios más eficientes desde el punto de vista ambiental en segmentos tales como el transporte público, los medios no motorizados para pasajeros, y el transporte ferroviario, marítimo y fluvial para mercancías.
- Mejorar tecnológicamente vehículos y combustibles para reducir sus efectos negativos para la sociedad y el medio ambiente.

Entre otras políticas necesarias y aconsejables en materia de logística y transporte, cabe citar las de planificar adecuadamente el uso del territorio para promover el desarrollo de ciudades compactas, la de implantar corredores de transporte masivo, la de regular el consumo de combustibles y el uso vehículos, y la de difundir información para que los consumidores y la industria tomen decisiones acertadas. Medidas económicas enérgicas, tales como impuestos, cargos y reformas de los subsidios, pueden también contribuir a fomentar el uso de vehículos particulares más limpios, así como a incentivar el transporte público y la movilización no motorizada.

La ciudad ideal debe disponer de un sistema de movilidad multimodal dominado por el transporte público y compartido. La movilidad individualizada se debe plantear solo como servicio o solución de último recurso. Juntos, estos cambios suponen la circulación de menos coches, pero mejor utilizados, con menos suelo dedicado a aparcamientos, calles y carreteras, y menor congestión de tráfico y contaminación del aire. De este modo, los ciudadanos pueden disponer de acceso fácil y cómodo a la movilidad que necesitan, recobrando el acceso desahogado a los espacios que les rodean. Estas iniciativas permiten además que los planificadores urbanísticos puedan por esta vía utilizar el espacio liberado de las ciudades para integrar más sistemas y servicios de mayor valor en el entorno urbano.

Los principios de la economía circular conducen también a abordar el complejo asunto de la movilidad desde el punto de vista de la salud pública y de la sostenibilidad. Esta realidad deriva del hecho de que numerosas referencias aluden a los problemas que genera en las personas la contaminación atmosférica derivada del tráfico de vehículos, subrayando como contrapartida las ventajas que representan para la salud las actividades como caminar o desplazarse en bicicleta, o recurrir a nuevos modelos de movilidad basados en la economía colaborativa, como es el caso del llamado "car sharing" o uso compartido de vehículos.

En relación con las posibilidades de mejoramiento de la movilidad, existe un conjunto de opciones, propuestas y estrategias de naturaleza sostenible aplicables directamente al entorno urbano y al transporte público, que son igualmente válidas en relación con los servicios de logística, transporte y distribución requeridos por los sectores agroalimentario, industrial y servicios. Las iniciativas más interesantes en este sentido son, entre otras, las relacionadas a continuación.

- Recuperar espacios vacíos o infrautilizados, y regenerar el tejido y el entorno urbano mediante la rehabilitación o la construcción sostenible, con el fin de consolidar una ciudad "amigable" y evitar la dispersión urbana, generadora de grandes necesidades y problemas de movilidad.

- Fomentar el uso de vehículos eficientes, de bajas emisiones contaminantes, híbridos y eléctricos.
- Promover el uso de la bicicleta para desplazamientos personales, pequeño reparto y mensajería.
- Habilitar circuitos y espacios de aparcamiento para bicicletas.
- Organizar eficazmente y fomentar el transporte público y colectivo.
- Adoptar el concepto "Smart Mobility" en el transporte público, aprovechando el auge de las tecnologías de la información para transformar el diseño de la movilidad. Para lograr este objetivo, situar a los usuarios en el centro de las iniciativas, transformándolos en actores proactivos de su implantación en la práctica.
- Incentivar la "logística inteligente", optimizando las rutas, y ajustándolas al ritmo y volumen de la producción industrial basada en modelos sostenibles.
- Fomentar la "logística inversa" y evitar el transporte con capacidad de carga infrautilizada.
- Incentivar la "logística distribuida" y el diseño y la ubicación de parques logísticos multimodales.
- Desincentivar el uso del automóvil y potenciar, cuando proceda, su uso compartido y su mejor y mayor ocupación.
- Regular las zonas de aparcamiento con el fin de impedir la saturación de vehículos, y gestionar los aparcamientos existentes según criterios racionales.
- Fomentar el uso compartido y el alquiler de vehículos por periodos de tiempo cortos para realizar trayectos locales y reducir la congestión.
- Elaborar planes de actuación de movilidad con la participación de todos los agentes y sectores implicados, atribuyendo las correspondientes funciones y responsabilidades, partiendo de un diagnóstico previo, y planteando objetivos de mejora continua que incluyan indicadores de eficacia.
- Establecer campañas de información y formación ciudadana que señalen medidas favorables a la adopción de estilos de

conducción responsable, y como consecuencia, que permitan el ahorro de combustible, la reducción de emisiones contaminantes y acústicas, del coste de mantenimiento de los vehículos, y eviten el riesgo de accidentes.

- Incentivar el teletrabajo, los horarios flexibles y el "Smart working", al cual se volverá a aludir más adelante, con el fin de reducir los desplazamientos y la congestión de tráfico en horas conflictivas.

Medio Ambiente

Tal y como fue anteriormente expuesto, los beneficios y ventajas de la economía circular son susceptibles de manifestarse en cualquier área productiva o sector de actividad que la adopte como premisa de trabajo. Pero todos estos beneficios, de uno u otro modo, se hacen inevitablemente extensivos, ya sea de modo directo o indirecto, al medio ambiente. Esta realidad es del todo lógica, si se tiene en cuenta que con la alternativa circular se pretende gestionar circuitos en los cuales el objetivo final es optimizar el uso de la energía y de los recursos naturales con el fin de asegurar la sostenibilidad.

Además de crear beneficios económicos directos para empresas y ciudadanos, seguir una senda de desarrollo basada en la economía circular permite también reducir una serie de externalidades ambientales negativas, tales como las emisiones de gases de efecto invernadero, la contaminación y la congestión, que caen sustancialmente, favoreciendo buenas condiciones de higiene y salud.

Las herramientas de la economía circular, tales como el reciclaje de residuos y subproductos, la reutilización, la optimización de los recursos hídricos y el desarrollo de fuentes de energía renovables, favorecen en gran medida, entre otras ventajas, la reducción de las emisiones de gases de efecto invernadero, causantes del cambio climático y de sus efectos colaterales, como son las catástrofes y desastres naturales representados por los episodios cada vez más frecuentes de sequías, inundaciones e incendios forestales.

Sin duda alguna, frenar los efectos del cambio climático impacta de modo positivo en la preservación de la integridad y belleza de los parajes naturales y lugares de esparcimiento, en la protección de la biodiversidad, y en la estabilización de los ciclos ecológicos, todo lo cual induce relaciones estables y equilibradas entre el hombre y su entorno. Además, los efectos positivos de promover un medio ambiente sano, confortable y acogedor, son los que permiten garantizar el éxito y la prosperidad de países y regiones para los cuales el turismo constituye una fuente relevante de ingresos económicos, y, por lo tanto, de progreso.

Se aludió con anterioridad a los efectos positivos sobre el medio ambiente que pueden aportar las estrategias inteligentes en el ámbito del urbanismo y del sector de la edificación. El actual esquema de vida de los ciudadanos de los países industrializados, que en gran parte se concentra en entornos urbanos, hace necesario planificar y gestionar las ciudades y los edificios desarrollando actividades diversas, muchas de las cuales implican la adopción responsable de procedimientos de economía circular y de optimización del uso de recursos. Hay que tener en cuenta que algunas estimaciones indican que en el año 2050 los edificios serán responsables de la mayor parte de las emisiones de gases responsables del cambio climático. En síntesis, un medio urbano sano y equilibrado es una componente crucial del medio ambiente que interactúa de modo indisociable con el resto de elementos del ecosistema global.

En las empresas, y en el mundo de la economía en general, alcanzar y consolidar beneficios ambientales como resultado de la adopción de la economía circular, requiere la acción coordinada y solidaria de todos los actores comprometidos y responsables de llevar a buen fin las estrategias diseñadas a tales efectos. En todos los casos, es preciso ejercer un liderazgo fuerte, autoritario y sostenido, que permita orientar las actuaciones pertinentes desde su fase de diseño e inicio, superando las etapas de transición, hasta alcanzar el final del ciclo. Se debe contar para ello con el establecimiento de planes bien definidos, elaborando los protocolos y estrategias que marquen la dirección a seguir, asegurando los medios y recursos necesarios para dar viabilidad a las iniciativas. Apuntar a la producción "cero residuos" y a la disminución de la "huella hídrica" y de la "huella de carbono" en todo tipo de actividades industriales, agrícolas o de servicios, ha de ser el marco de orientación que trace el camino hacia el objetivo de consolidación de la economía circular.

Es necesario insistir que en este escenario deben actuar de modo transversal todos los actores implicados, desde el simple ciudadano, la industria y los responsables empresariales y gubernamentales, hasta los estamentos internacionales que puedan actuar como catalizadores y crear las condiciones necesarias para el proceso de implantación y desarrollo de la circularidad. Entidades, tales como centros tecnológicos, universidades y organizaciones sin ánimo de lucro y no gubernamentales (ONG), también pueden y deben desempeñar un papel destacado en este sentido, incluyendo funciones de apoyo y participación en iniciativas de colaboración tanto a nivel local como en el ámbito internacional.

ESTRATEGIAS FUNDAMENTALES PARA LA IMPLANTACION, DESARROLLO Y CONSOLIDACION DE LA ECONOMIA CIRCULAR

La adopción de la economía circular cobra hoy fuerza entre gobiernos y líderes empresariales como alternativa atrayente frente a la tradicional economía lineal, basada en "tomar, hacer, desechar". Su atractivo se debe a su potencial para desvincular el crecimiento económico del consumo de insumos y recursos vírgenes, para fomentar la innovación, para incrementar el crecimiento, y para generar más y mejor empleo.

Esta visión llega en un momento en el que el enfoque de la economía global requiere cambios sustanciales. El auge de los nuevos productos y plataformas para el intercambio demuestra que existen modelos circulares de creación de valor en numerosos ámbitos de la economía. El reto consiste ahora en fomentar esta actividad para crear cambios sustanciales en el sistema.

A continuación, se reseñan los tres pilares fundamentales que contribuyen a promover una economía más circular.

- **Ecodiseño, ecoinnovación y fabricación de productos "circulares"**

Una de las características más relevantes de la economía circular es que es deliberadamente restaurativa y regenerativa. La recuperación de materiales y productos no solo se lleva a cabo al final de su uso, sino que se posibilita también en el resto de las fases productivas, como, por ejemplo, en el momento de elegir las materias primas, o de implementar los procedimientos de fabricación.

Las empresas deben desarrollar competencias básicas en diseño circular para facilitar la reutilización, el reciclaje y el paso en cascada de los materiales a lo largo de las diferentes etapas del proceso productivo. Partiendo de la fase de concepción, hasta la de gestión al final del ciclo mediante procedimientos de valorización, reutilización o reciclaje, se han de diseñar e implementar de modo sucesivo la adecuada selección de materias primas, el uso de modelos de producción innovadores, la selección de canales racionales de distribución, y estimular el fomento de esquemas de uso apropiado por parte de los consumidores. Sin lugar a dudas, es requisito indispensable para conducir a buen fin este tipo de estrategia poner en marcha todo el conocimiento, el talento y la inteligencia disponibles, y trabajar sobre la base de procesos y protocolos previamente elaborados con el máximo rigor.

La ecoinnovación es un elemento importante para cerrar el bucle del ciclo de vida de los productos, y estimular nuevos modelos de negocio basados en el uso más eficiente de los recursos. Consiste en la introducción en el ciclo productivo de productos, servicios, procedimientos, cambios organizativos o estrategias comerciales, que contribuyan a reducir el empleo de recursos naturales, incluidos materias primas, energía, agua y suelo, y a reducir la emisión de sustancias perjudiciales a lo largo de todo el ciclo de vida. De acuerdo con este planteamiento, el producto es diseñado para permitir un reciclaje óptimo al final de su vida útil, de manera que los residuos de un proceso se convierten en recursos para otros, generando valor y empleo en el ámbito local. En su esencia, representa una estrategia de negocio que incorpora la sostenibilidad en todas las operaciones, con un enfoque de cooperación con toda la cadena de valor.

La sostenibilidad y la ecoinnovación han pasado a ser un imperativo que permite gestionar los riesgos y oportunidades económicas, ambientales y sociales. El hecho de no prestarles atención puede suponer una amenaza a largo plazo para el negocio. Ya no se trata sólo de reducir costes o de ganar eficiencia: estas opciones facilitan también ganar ventajas competitivas a través del posicionamiento más procedente de productos, servicios y marcas.

La colaboración entre los agentes implicados en esta estrategia, como son los diseñadores y profesionales especialistas en la materia, los centros tecnológicos y de investigación, las empresas, las administraciones, e incluso, los propios consumidores y demás responsables a la hora de opinar y tomar decisiones, es fundamental para el éxito del proceso. Las estrategias colaborativas permiten a las empresas que ejercen la ecoinnovación, y muy especialmente a las pequeñas y medianas empresas (PYMES), acceder con mayor facilidad a los mercados ya existentes, e incluso, desplegar nuevas iniciativas de negocio.

Las empresas innovadoras necesitan socios fiables para llevar a la práctica sus ideas y para extrapolar las experiencias que contribuyan a una transición dinámica hacia la economía circular. Por lo tanto, es importante promover de forma organizada el intercambio de buenas prácticas de ecoinnovación y simbiosis entre los líderes empresariales y gubernamentales, y crear entre ellos lazos que generen sinergias que contribuyan al crecimiento sostenible.

El diseño de productos y procesos circulares requiere de competencias avanzadas, de información y de métodos de trabajo que hoy en día son cada vez más fáciles de obtener. La ciencia, la tecnología y la selección de materiales desempeñan un papel fundamental en el diseño de los bienes, pero los fabricantes deben especificar el propósito y el rendimiento de los productos finales antes de seleccionar las materias primas iniciales.

También deben apostar por el empleo de materias puras en sus procesos de producción, dado que son más fáciles de clasificar al final de la vida útil. Aparte de la selección de materias primas, otros aspectos importantes del diseño circular desde el punto de vista económico, son el empleo de componentes estandarizados y la fabricación de efectos pensados para durar, que además faciliten su clasificación al final de su vida útil, con el fin de ser separados y reutilizados como nuevos productos o materias primas. Los modelos empresariales basados en criterios de diseño y fabricación que tienen en cuenta las posibles aplicaciones útiles de los subproductos, derivados y residuos, favorecen el desarrollo de estrategias basadas en la circularidad. Por esta razón, siempre será interesante vincular el diseño con el uso, recurriendo a mecanismos de retroalimentación entre las diferentes fases que integran los esquemas de fabricación.

Es importante partir del principio de que, asumido el actual contexto social y económico, si se desea enfocar el futuro de acuerdo con modelos de economía circular, la producción de bienes y servicios se ha de plantear de acuerdo con la "demanda" de los consumidores, usuarios y clientes, evitando entrar en el mercado aplicando las clásicas políticas centradas solamente en la "oferta", que solo consiguen generar motivaciones que presionan hacia el consumo marginal, muchas veces inútil y desproporcionado en relación con las necesidades genuinas de las personas.

Mediante estrategias de ecoinnovación y ecodiseño, se debe orientar la fabricación a la optimización de los productos, tanto desde el punto de vista económico como social y ambiental, partiendo desde su diseño, y teniendo en cuenta:

- La mejora de sus funciones.
- La satisfacción de las motivaciones de los consumidores.
- La selección de materias primas de reducido o nulo impacto ambiental.
- El empleo de las mejores tecnologías en los procesos productivos.
- La disminución del impacto ambiental en el uso.
- La reducción del consumo de recursos en la fabricación y en el uso.
- La minimización del impacto ambiental en la etapa final del ciclo de vida de los productos.

También es preciso añadir que todo proceso de ecoinnovación ha de desarrollarse estimulando la colaboración transversal entre las empresas y entre los diferentes sectores productivos, de acuerdo a esquemas de simbiosis que permitan generar sinergias aprovechando el intercambio de opciones en las cuales se apliquen los principios de la economía circular. En igual sentido, la colaboración entre las empresas y los centros tecnológicos, así como el trabajo organizado dentro de diferentes "clúster" de enfoque específico, pueden contribuir significativamente a planificar con agilidad y ventajas las actuaciones conducentes a consolidar la adopción de modelos circulares de producción, de negocio y de consumo.

- **Nuevos modelos de organización empresarial**

Los esquemas de negocio que pasan del modelo de "propiedad" al modelo de "pago según rendimiento", son fundamentales para que los productos diseñados para su reutilización se traduzcan en propuestas de valor atractivas. Al priorizar el acceso por encima de la propiedad, estos modelos promueven el cambio conceptual de "consumidor" a "usuario". Las empresas con cuotas de mercado significativas y alta capacidad operativa en la cadena de valor lineal, pueden desempeñar un papel importante a la hora de consolidar la circularidad, aprovechando las ventajas de las economías de escala y de su integración vertical. Es cierto que muchos nuevos modelos de negocio, materiales y productos provendrán de la iniciativa de los emprendedores, pero los líderes de grandes marcas y volúmenes pueden desempeñar también un papel fundamental en la era de la circularidad. En cualquier caso, los modelos e iniciativas empresariales de éxito inspirarán a otros actores, y serán emulados y proyectados hacia diferentes parcelas productoras y nuevos ámbitos geográficos.

Fruto de la revolución industrial y del auge del productivismo surgió en su día la lógica empresarial en función de la cual es necesario vender más productos para incrementar la facturación, lo que conlleva a un mayor consumo de energía y de materiales. Este razonamiento ha conducido a estimular a los consumidores a renovar los productos antes de lo necesario, dando lugar a la denominada obsolescencia prematura. Lamentablemente, esta práctica se ha desplegado también a las esferas técnicas, condicionando el diseño para dirigirlo hacia el fallo prematuro, o inclinando la fabricación hacia la producción de artículos de difícil reparación y reutilización. A nivel emocional, este tipo de política industrial solo ha servido para promover en los consumidores el deseo compulsivo de adquirir nuevos productos cuando los antiguos aún están en condiciones de funcionar con normalidad.

La denuncia de estas prácticas por parte de diferentes colectivos sociales ha provocado que Europa incorpore en su agenda la lucha contra la obsolescencia como una pieza clave para la innovación y el desarrollo sostenible, bajo el marco del programa Horizonte 2020 y del nuevo paquete legislativo sobre Economía Circular. La nueva legislación ha puesto sobre la mesa posibles líneas de lucha contra la obsolescencia, que pasan por el aumento de la cobertura de las garantías, el establecimiento de vida útil mínima, o la obligación de informar al consumidor sobre la vida útil de cada producto.

En los últimos años varios países europeos, como Bélgica o los Países Bajos, han propuesto resoluciones más exigentes respecto a las garantías de los productos y sus opciones de reparación. Recientemente, Francia ha llegado a incorporar leyes específicas contra la obsolescencia programada, tanto a nivel preventivo como correctivo, que servirán de precedente para futuras aplicaciones legislativas en otros países de la Unión Europea. Concretamente, Francia obliga a ciertas empresas a aumentar la duración del período de garantía gratuita de sus productos de seis meses a dos años.

Estos cambios legislativos, así como el acceso al mercado de nuevas generaciones de consumidores, cada vez más enfocados a la satisfacción por uso que a la propiedad, tendrán consecuencias de importancia en la dinámica de la oferta y de la demanda, a la cual las empresas deberán necesariamente adaptarse con agilidad.

Ante la perspectiva de un aumento de la vida útil de los productos y la posible reducción de ventas asociada a esta nueva realidad, son muchas las empresas que están introduciendo nuevos modelos de negocio para complementar su facturación, enfocando su actividad a la prestación de servicios, y no necesariamente a la venta en propiedad de los artículos.

Los nuevos modelos de negocio representan un marco idóneo para acceder a la economía circular, ya que permiten la reducción del impacto ambiental asociado al consumo de materias primas y a la generación de residuos, asegurando a la vez la competitividad en el mercado. En líneas generales, el desafío consiste en aproximar el ciclo de producción industrial al ciclo biológico, procurando conciliar los intereses del sector productivo y de servicios con los requisitos que garanticen la sostenibilidad de los recursos naturales y la protección del medio ambiente.

Es fundamental tener en cuenta que cualquier nuevo modelo de negocio ha de ser viable y rentable, e ir acompañado de cambios sustanciales en los esquemas organizativos y de desempeño laboral cuando se le enfoca desde el punto de vista de la circularidad. De hecho, al analizar los aspectos que relacionan la movilidad con la optimización de los recursos productivos, fue posible constatar que los esquemas de trabajo remoto o a distancia generan importantes ventajas, tanto desde el punto de vista del empleo del tiempo, como del uso de recursos, como de la productividad de las empresas.

En este sentido, marcando un paso más en la dirección de la eficacia integral, comienza a adquirir protagonismo lo que algunos denominan "Smart Working", concepto que, al igual que en el caso de la "Smart City" y del "Smart Agro", incorpora las excelencias que ofrece la utilización de las técnicas digitales. Esta fórmula de trabajo sugiere una alternativa de empleo que impulsa la organización de equipos que trabajan por objetivos basados en proyectos, implementados de acuerdo con esquemas de flexibilidad horaria y de reducción y racionalización de la movilidad, desterrando la cultura del trabajo presencial. En general, la idea de desarrollar un trabajo en un puesto fijo en una oficina tiende hoy en día a desaparecer de manera gradual, dando lugar a las opciones facilitadas por la digitalización y el empleo de las tecnologías de las comunicaciones.

Bien implementada, esta modalidad favorece el aumento de la productividad e induce mayores niveles de motivación personal y de satisfacción en los profesionales que la adoptan. En este escenario, el uso de las citadas tecnologías digitales ejerce un fuerte impacto en la estructura de los equipos, por lo cual las empresas deben facilitar los recursos necesarios a sus profesionales, y éstos deben adaptar y ampliar sus conocimientos mediante oportunos procesos de formación y cualificación.

La racionalización de la movilidad, la flexibilidad horaria, el trabajo por objetivos y el uso masivo de las nuevas tecnologías son las dimensiones que hacen posible el Smart Working, que no es otra cosa que una etapa más en la evolución del teletrabajo. Lo más relevante de este revolucionario esquema es que promueve la "prestación" de servicios independientemente del lugar desde el que se realiza, provocando la deslocalización del puesto de trabajo. La labor se puede realizar en casa, en un hotel, en la sala de espera de un aeropuerto, o en cualquier lugar donde el profesional cuente con medios y elementos de conexión digital.

Excluyendo los trabajos que requieren presencia física del trabajador, como es el caso de los dependientes del comercio y de los operarios de fábricas, existe un gran abanico de profesiones que pueden optar por este sistema organizativo, desde expertos en ventas, asesores financieros y especialistas en marketing, hasta los que realizan funciones de soporte, como ocurre en los ámbitos jurídico, tecnológico y de recursos humanos, y de todos aquellos individuos que trabajan por cuenta propia.

En cualquier caso, el Smart Working da forma a un cambio cultural que deben asumir tanto las compañías como los empleados, que abre las puertas a nuevas formas de colaboración para ganar eficacia a través de una mejor eficiencia organizativa, y que facilita el consecuente ahorro de recursos y la reducción de costes. Sin embargo, es un reto para la cultura corporativa y el liderazgo estratégico, ya que, por su carácter disruptivo, implica el desarrollo responsable de habilidades y actitudes de autogestión, autocontrol e interrelación por parte de todos y cada uno de los implicados en este esquema de desempeño laboral.

- **Ciclo inverso**

Procurar que los materiales preserven su valor es un requisito fundamental para el funcionamiento de la economía circular. Para crear valor a partir de los materiales y productos después de su uso, deben ser acopiados y devueltos al ciclo productivo. Así, la logística y los métodos de procesamiento inverso permiten que esos materiales vuelvan al mercado.

El proceso de ciclo inverso se basa en la logística de la cadena de valor, e incluye funciones como la selección, la clasificación, el almacenaje, la gestión del riesgo, la generación de energía e incluso la biología molecular y la química de polímeros. Con sistemas de recogida selectiva y tratamientos de alta calidad, así como con una segmentación eficaz de los productos al fin de su vida útil, la pérdida de materias del sistema se reduce, lo que impulsa la economía del diseño circular.

Las cadenas de logística inversa para transmitir en cascada materiales a otras aplicaciones deben optimizarse de principio a fin. Por consiguiente, es fundamental generar capacidades e infraestructuras idóneas para avanzar hacia una mayor circularidad. Los sistemas de recogida de materiales y subproductos han de ser fáciles de usar, estar ubicados en zonas accesibles para los clientes y los expertos en ciclos de vida útil, y ser adecuados para mantener la calidad de las materias para que luego puedan ser transmitidas en cascada a través de aplicaciones sucesivas. Las aplicaciones en el sentido del flujo productivo deben trasmitirse de modo continuo, de forma que optimicen la recuperación de valor, antes de desechar un mínimo de material residual para ser tratado como tal mediante tecnologías sostenibles.

NUEVOS MODELOS DE EMPRESA Y DE NEGOCIO

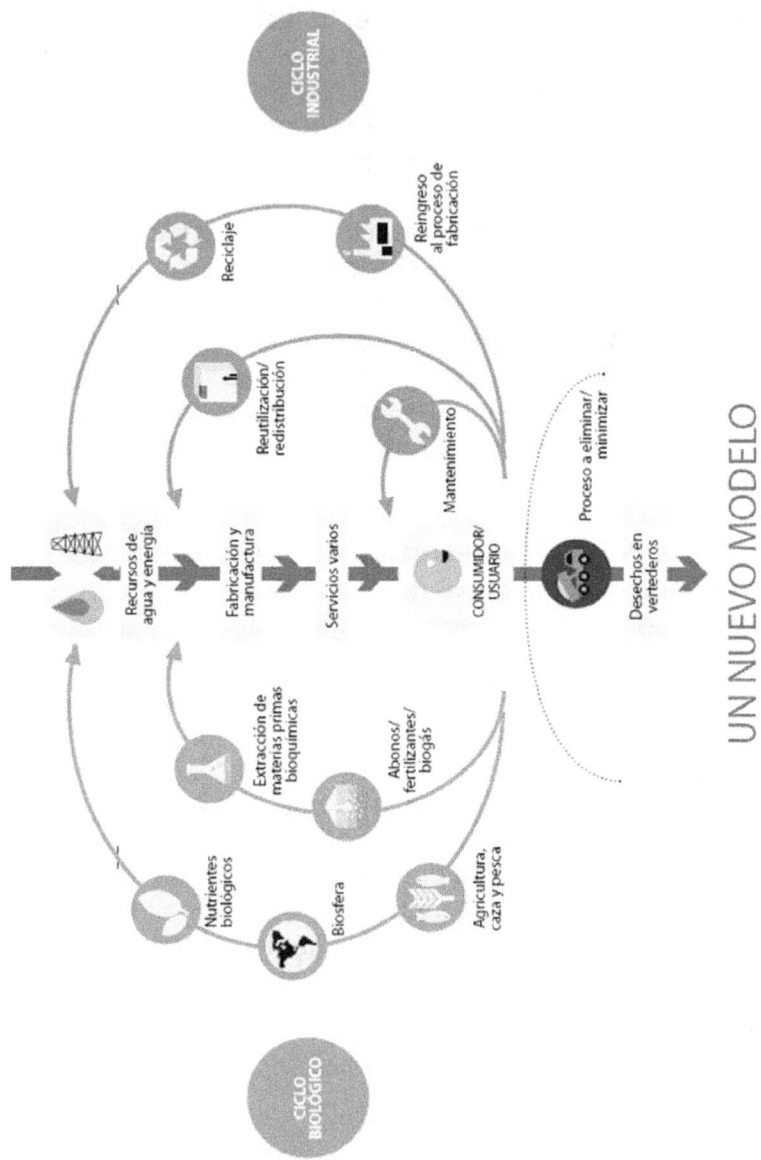

Figura 12 – Nuevos Modelos de Empresa y de Negocio: Ciclo Biológico y Ciclo Industrial
Fuente: Ellen MacArthur Foundation

CATALIZADORES DE LA CIRCULARIDAD

Aunque las empresas pueden impulsar libre y ampliamente los tres pilares fundamentales de la circularidad mencionados en el anterior apartado, contar con el apoyo de los factores de impulso detallados a continuación puede ser de gran ayuda en la transición hacia la economía circular.

• Políticas económicas y financieras

El actual escenario social, ambiental, político y económico reclama la transición hacia una economía menos intensiva en el uso de recursos, que genere valor de una forma simbiótica con el entorno. Durante esta transición, algunas empresas deben superar barreras para desarrollar modelos de negocio circulares y económicamente viables. El diseño y concepción de estos modelos, así como su financiación o su gestión, suponen importantes desafíos para las organizaciones decididas a invertir en un cambio que a menudo es de carácter complejo y disruptivo. Además, esta transición requiere de mecanismos de financiación específicos, de nuevas formas de incluir el valor residual de los productos en el modelo de negocio, y de un nuevo marco para analizar los riesgos de las inversiones.

La adopción generalizada del modelo económico circular requiere de instrumentos financieros ajustados a este nuevo paradigma. Todos los actores de las distintas cadenas de valor deben tener acceso a financiación y herramientas de gestión de riesgos para respaldar el gasto en inmovilizado y en I+D. También es necesario tener en cuenta la aplicación de incentivos que fomenten la producción "verde", el uso de tecnologías innovadoras y sostenibles, y la investigación sobre circularidad y sostenibilidad.

Contar con un marco normativo estable es un aspecto fundamental para los inversores, y puede ser especialmente alentador si los gobiernos demuestran la intención de impulsar la transición hacia la economía circular. Las administraciones pueden generar valiosos estímulos al cubrir algunos de los riesgos asociados con la adopción de modelos empresariales innovadores. Entre otras medidas de estímulo económico y financiero de la economía circular que éstas pueden implementar, cabe citar las siguientes:

- o Ayudas y subsidios a las empresas que empleen procedimientos de producción "verde" y que reduzcan las emisiones de gases de efecto invernadero.

- o Incentivos económicos para los procesos que produzcan menos residuos, o para reducir los residuos no susceptibles de ser sometidos a reciclado.

- o Políticas fiscales favorables a las inversiones en tecnologías, infraestructuras y sistemas que promuevan los principios y objetivos de la economía circular.

- o Políticas reguladoras de precios que favorezcan la comercialización de productos y servicios sostenibles.

- o Políticas favorables a la producción "cero residuos" y a la reducción de la huella hídrica y de la huella de carbono de los productos agrícolas e industriales.

- o Políticas de inversión estatal en infraestructuras y estrategias de fomento y desarrollo de la economía circular.

- o Limitación del gasto público en áreas y sectores que perjudiquen la buena gestión de los recursos naturales.

- o Inversiones en gasto público dirigidas a la circularidad.

- o Eliminación de las políticas proteccionistas y barreras comerciales contrarias a los principios y fundamentos de la circularidad.

- o Medidas conducentes al fortalecimiento de la gobernanza nacional e internacional en materia de sostenibilidad.

o Medidas que favorezcan el comercio responsable de los derechos de emisión de gases de efecto invernadero

- **Plataformas colaborativas**

La colaboración eficaz entre cadenas de producción y entre sectores según esquemas de alianzas estratégicas o simbiosis industrial, es imprescindible para el establecimiento a gran escala de un sistema circular. El desarrollo conjunto de productos y sistemas de recogida y selección de residuos y subproductos, la transparencia posibilitada por la informática y el intercambio de información, los estándares sectoriales, la armonización de incentivos y los mecanismos de intermediación, deben ponerse en marcha junto con el establecimiento de plataformas colaborativas entre las partes implicadas, contando con el apoyo de las correspondientes políticas de fomento.

- **Un nuevo marco económico**

Cambios sustanciales en los sistemas fiscales tradicionales y en los métodos de medición del rendimiento económico, son alternativas que pueden contribuir a facilitar la transición sistemática hacia la economía circular. Trasladar los incentivos fiscales desde los recursos hacia la mano de obra, y complementar los datos basados en el flujo del PIB con la medida de las reservas de activos de cada nación o territorio, son fundamentales para enfocar la economía circular. El desarrollo de planes a largo plazo para reequilibrar el coste de los diferentes factores productivos y evaluar correctamente los factores externos clave, son instrumentos que deben poner en marcha los estamentos responsables para desarrollar un nuevo marco económico que contribuya a consolidar el proceso de transición hacia la circularidad.

- **Nuevos modelos de Producción y Fabricación**

Debido a su carácter disruptivo y transgresor, las nuevas ideas y los nuevos modelos de producción y de negocio que propician la circularidad dan a menudo la sensación de ser, por su propia naturaleza, incómodos y perturbadores. En todo caso, la lógica demuestra que son menos negativos si se les analiza, por ejemplo, desde el punto de vista del contexto de un mundo en el que empiezan a escasear el agua, la energía y las tierras fértiles, con un telón de fondo caracterizado por las amenazas del cambio climático, los fenómenos meteorológicos extremos y los desastres naturales, así como por la creciente escasez y el consecuente incremento del coste de los recursos naturales finitos.

Con anterioridad (ver Tabla 1, página 38) se hizo alusión al marco RESOLVE, un conjunto de seis acciones que pueden adoptar las empresas y los gobiernos de cara al fomento de la economía circular. Las orientaciones del marco, complementadas con la puesta en práctica del conjunto de estrategias, sistemas y herramientas que ofrecen las tecnologías alineadas con los principios de la economía circular y de la sostenibilidad, pueden contribuir de modo muy positivo al diseño de modelos de producción industrial organizados con este objetivo. Concretamente, las actuaciones en materia de reciclaje, reutilización de residuos valorizables, ciclo inverso y refabricación, son claros ejemplos en dicho sentido.

- **Nuevos modelos de Distribución**

Al analizar lo que ocurre en relación con los recursos hídricos, alimentarios y energéticos, se comentó antes las carencias que afectan a estos ámbitos en lo que respecta a su distribución local, territorial y global. Es indiscutible la necesidad de promover la distribución más justa y equitativa de estos recursos a nivel planetario, sobre todo cuando el mundo se mueve de acuerdo a un imparable e irreversible proceso de globalización.

El reto de lograr de modo integral el equilibrio en la distribución de los recursos, y de lograr de modo paralelo su utilización sostenible, no es de fácil solución, situación que refuerza la necesidad de promover nuevos hábitos de comportamiento y consumo en la sociedad civil. En esta tarea adquieren relevancia la sensibilización y formación que deben promover gobiernos e instituciones para encauzar a los ciudadanos hacia el ejercicio responsable de sus relaciones con su entorno de vida y trabajo.

También en este terreno es indispensable crear un clima transversal y multisectorial de colaboración, basado en la puesta en práctica de esquemas de gobernanza de proyección global, que actúen como catalizadores del cambio para conseguir la implantación de los principios de la circularidad.

- **Cambio de paradigmas de comportamiento social**

Cuando en los años setenta del pasado siglo se publicó el estudio "Los límites al crecimiento", se puso de relieve la necesidad de modificar las tendencias del desarrollo, y de establecer las condiciones para vivir en un planeta más equitativo, estable y respetuoso con el medio ambiente. La creciente complejidad del ámbito socioeconómico, la globalización, la interdependencia de los sistemas y sus impactos sociales, refuerzan la idea y la necesidad de asegurar el desarrollo sostenible como respuesta a este desafío.

Sin embargo, la realidad se muestra cada vez más compleja e incierta. Los efectos del cambio climático, la transición hacia una economía baja en carbono, las innovaciones tecnológicas y de los procesos de producción, el crecimiento demográfico, o los cambios en los modelos de consumo, por citar solamente algunos factores críticos, están provocando situaciones que a menudo causan alarma social y riesgo de profundas desigualdades.

A esta realidad hay que añadir el cambio de paradigmas de comportamiento individual que surge como consecuencia del progreso y de la reivindicación del estado de bienestar, tanto en naciones avanzadas como en las de economías emergentes. A modo de ejemplo, cabe analizar las actitudes de los ciudadanos en relación con el reciclaje, acción que, como se ha podido constatar, constituye una de las opciones básicas para el despliegue eficaz de la economía circular. Reciclar es fácil y sencillo, pero a menudo el ciudadano lo percibe como algo engorroso y complicado. La falta de espacio en el hogar, la comodidad, el desconocimiento, la desidia y la desconfianza hacia el sistema, alimentan en muchos casos excusas a las que los ciudadanos se aferran para eludir la actitud cívica de separar para reciclar, y así mejorar la calidad de vida, colaborar con la sostenibilidad y disfrutar de un entorno más saludable.

El comportamiento de los consumidores frente al reciclaje ha sido objeto de estudio durante años, y varias investigaciones han empezado a encontrar respuestas sobre los factores que influyen en los ciudadanos a la hora de tomar decisiones relacionadas con la costumbre de reciclar. Un reciente estudio de la Universidad de Boston ha puesto en evidencia que la sensación de culpa respecto a la generación de residuos se ve reducida, o incluso superada, si los consumidores perciben que pueden reciclar. Varios experimentos demostraron que, para una misma actividad, las personas sin posibilidad de reciclar hacen un uso más eficiente de los recursos, y generan menos residuos que las personas que pueden hacerlo.

Además, hay otros factores psicológicos que afectan al comportamiento humano ante el reciclaje. Se ha observado que los consumidores reciclan más los objetos que no han sido dañados, y que están más dispuestos a reciclar objetos que se identifican con su persona. El primer factor se explica porque si un producto se modifica mucho respecto al original, los consumidores lo perciben como menos útil, y son menos propensos a reciclarlo. El segundo factor se debe a que tirar un producto personal a la basura se asocia a tirar parte de uno mismo, de modo que se tiende a reciclarlo pensando que se le podrá dar un nuevo uso.

En el fondo, el reciclaje se ha de plantear como una opción que permita la mejor gestión de los residuos y su reincorporación al ciclo productivo como recursos. Se trata, por lo tanto, de modificar hábitos, actitudes y comportamientos, superar reticencias, y estimular la colaboración y la solidaridad de las personas. Mediante adecuadas estrategias de información, comunicación y formación, se ha de procurar mejorar el conocimiento del consumidor respecto de los residuos, para así poder tomar mejores decisiones a la hora de desarrollar estrategias y campañas de reciclaje y de diseño de los productos. En igual sentido, los gobiernos e instituciones pertinentes pueden contribuir de manera

eficaz a reconducir ciertos hábitos de consumo hacia los principios de la economía circular, de la sensatez y de la sostenibilidad, propiciando la compra responsable y "suficiente" de bienes
y servicios respetuosos con el medio ambiente, estimulando la
adecuada gestión de todo tipo recursos, sancionando la publicidad tendenciosa y engañosa que conduce a la compra compulsiva, inservible y excesiva, y ajustando la oferta de productos y
servicios a las necesidades "reales" de los consumidores.

- **Nuevos estilos de Uso y Consumo: el final de la compra
  compulsiva**

Están surgiendo en la sociedad civil modelos de uso y consumo
según los cuales una nueva generación de consumidores pre-
fiere los servicios que les permiten acceder a productos como
"usuarios", en lugar de proveerse de estos como "propietarios".
A este fenómeno se le denomina "Servitización". Según este modelo, los consumidores y las empresas buscan aquellas propuestas de valor que mejor satisfacen sus necesidades, y esto
se consigue cuando el proveedor está cerca del cliente, y le
ofrece soluciones que no necesariamente pasan por la venta de
productos.

A este hecho se debe añadir la llegada al mercado de nuevas
generaciones de consumidores, como los denominados "milenials", menos orientados a la posesión de productos, pero en
cambio, más ávidos de experiencias basadas en el disfrute y acceso a los productos a través de servicios. Algunas empresas
empiezan a adaptar sus modelos de negocio con el fin de aprovechar esta nueva situación, ofreciendo servicios basados en un
producto. Además de satisfacer mejor las necesidades de los
consumidores, este esquema permite reducir el impacto ambiental gracias a una mejor gestión de los recursos. En síntesis, es
una estrategia que alinea de modo inteligente los intereses del
productor y del consumidor.

La industria debe convertirse en un proveedor de servicios que
van más allá de la simple fabricación. Debe procurar mantener

una relación más directa con sus clientes una vez que ha vendido sus productos, y conocer las funciones o usos más solicitados, adecuando sus diseños y desarrollos a las preferencias de los usuarios, y creando una amalgama de servicios alrededor de la información que obtiene directamente por este conducto y desde otras fuentes de datos. De este modo, se estimula que el cliente tome parte de modo activo en la mejora del producto fabricado o del servicio prestado.

Los modelos de uso cooperativo o las redes de colaboración y uso compartido, que generan más interacción entre usuarios, comerciantes y fabricantes, se están implantando a ritmo acelerado. La aplicación de este cambio en diferentes negocios permite desarrollar esquemas de pago por rendimiento, alquiler, préstamo, retorno o reutilización, que son ventajosos desde numerosos puntos de vista. Por estas vías, el período de uso de los bienes se puede incrementar sustancialmente, ya que los artículos y servicios a compartir permiten su mayor y mejor utilización, hecho que además promueve el aumento de su longevidad y la reducción de su coste de uso y mantenimiento.

Son numerosas las iniciativas que pueden contribuir a la mejor gestión de los recursos recurriendo a procedimientos de reciclaje, recuperación y reutilización, para lo cual la formación de los ciudadanos y la participación de las empresas y de las entidades administrativas y gubernamentales es fundamental. Es necesario también mejorar el conocimiento sobre el comportamiento del consumidor frente a los recursos, con el fin de tomar las decisiones adecuadas al desarrollar estrategias y campañas de promoción y difusión de la circularidad. Se ha de incidir en el mercado basando las estrategias en la demanda de los consumidores, para lo cual se les ha de implicar de forma proactiva en relación con las opciones vinculadas al ecodiseño y a la ecoinnovación. También se les ha de orientar hacia la práctica de la "compra responsable", aquella que preserva de una manera equilibrada y sostenible el interés ambiental, social y económico del conjunto de los grupos de interés, y que tiene en cuenta la actuación de la empresa a corto, medio y largo plazo.

- **Nuevas Tecnologías**

En un capítulo específico reseñado más adelante se describen ejemplos de una serie de técnicas y estrategias que, bien planteadas y desarrolladas, pueden contribuir con éxito y de modo directo a la consolidación de la economía circular. Dichas técnicas y estrategias se ven además reforzadas en dimensión considerable por las aportaciones indirectas e innovadoras que ofrecen en este terreno numerosas herramientas de última generación, tales como las Tecnologías de la Información y de las Comunicaciones (TIC), el mundo de "Internet of Things" (IoT), la Digitalización, y el fenómeno "Big Data".

Los ejemplos que se describirán confirman de modo incontestable la validez de las iniciativas adoptadas, así como las ventajas y beneficios que aportan a los objetivos de sostenibilidad y de optimización del uso de los recursos, incluidos como tales los residuos y subproductos susceptibles de ser reincorporados al ciclo productivo.

No obstante, se ha de tener también en cuenta que la tecnología, sean cuales sean sus campos de aplicación en la práctica, no representa por sí misma una solución para alcanzar objetivos de sostenibilidad. Si las técnicas no son aplicadas respetando los requisitos necesarios para conferirles un enfoque holístico y transversal, pueden quedar bloqueadas muchas de las ventajas que ofrecen a título teórico cada una de ellas en particular.

En otro orden de cosas, se ha tener presente el requisito de evitar que la tecnología eluda el respeto a los marcos sociales, éticos y políticos que marcan las pautas para hacer un buen uso de ella. Lamentablemente, con la intención de favorecer intereses de dudosa moralidad, algunos actores eludieron esta condición en algunas etapas pasadas del proceso de desarrollo y progreso de la humanidad. El resultado, como es fácil de deducir, no fue otro que el de fomentar de modo inútil la cultura del derroche y de la especulación, y el de generar impactos negativos a la sociedad y al medio ambiente. Desde luego, sería una irresponsabilidad volver a caer en la tentación de repetir la historia.

ESTIMULOS, RETOS Y CONDICIONANTES DE LA ECONOMIA CIRCULAR

* **Investigación, promoción, difusión e información**

La implantación y desarrollo de la economía circular implica la adaptación a nuevos modelos de trabajo y hábitos de comportamiento que a menudo adquieren carácter disruptivo.

En igual sentido, la velocidad con que evoluciona la tecnología pone al servicio de todo el mundo una cantidad importante de información innovadora y vanguardista, que es preciso asimilar y procesar de modo adecuado, para luego aprovecharla como fuente para poner en práctica actuaciones y estrategias circulares con el máximo de eficiencia, y lograr por este conducto la óptima eficacia en resultados.

La información y los conocimientos derivados de la investigación y de la práctica de actividades relacionadas con la economía circular deben ser expuestos y difundidos con agilidad, de modo que impacten de modo provechoso tanto a nivel de los actores comprometidos con la iniciativa, como frente a los que deseen incorporarse a ella de modo proactivo.

Hoy en día se cuenta con medios y herramientas eficaces para lograr efectos positivos en el terreno de la información y de las comunicaciones. El empleo de medios digitales y de internet permite hacer llegar con rapidez, a cualquier rincón del mundo, y a un número ilimitado de audiencias, cualquier información, relevante o no, que permita acelerar la transición hacia la economía circular a escala planetaria.

La única condición para conseguir resultados con esta herramienta, es emplearla de modo constructivo, racional y responsable, evitando toda tentación sensacionalista.

- **Formación y educación**

Por definición, el cambio a una economía verde implica cierto grado de reestructuración económica y de cambios en los modelos de comportamiento, lo que puede requerir la adopción de medidas importantes para asegurar una transición justa para los ciudadanos, así como para los trabajadores que puedan verse afectados por los cambios tecnológicos que el caso implica. En algunos sectores será necesario prestar apoyo para facilitar el cambio de las personas hacia nuevos puestos de trabajo, y en otros, como la industria, es probable que sea necesario capacitar a los trabajadores para que se adapten a los nuevos métodos, procedimientos y herramientas que necesitarán emplear para asumir funciones diferentes a las acostumbradas. Sin duda, será necesario invertir importantes recursos formativos para la recapacitación y readaptación profesional de la fuerza de trabajo, teniendo en cuenta además que habrá que conciliar la coexistencia de tres generaciones, "seniors", "juniors" y "milenials" en relación con la distribución del poder, el peso de la cultura y la pérdida de valor de la experiencia como consecuencia de su choque con las nuevas tecnologías. Además, el proceso de globalización, los fenómenos migratorios y el aumento de la población refuerzan la necesidad de plantear la formación enfocándola con criterios intergeneracionales e interculturales.

Como ejemplo de lo anterior, baste tener en cuenta el caso del sector de las energías renovables, que hoy en día experimenta cierta escasez de trabajadores cualificados con formación y experiencia específica en las tecnologías propias de esta actividad. En realidad, casi todos los subsectores de la energía requieren trabajadores cualificados, siendo más pronunciada esta escasez en los sectores fotovoltaico, eólico, hídrico, del biogás y de la biomasa. También es apreciable la demanda creciente que se registra en este sector en relación con trabajadores expertos en industrias de desarrollo y producción de tecnologías de soporte a las energías renovables, en particular ingenieros, personal operativo, supervisores de obra, y servicios de mantenimiento.

La educación y la formación desempeñan un papel fundamental para preparar a los futuros profesionales para asimilar y desempeñarse con éxito de acuerdo con los nuevos paradigmas técnicos y económicos que irrumpen a velocidades vertiginosas, en especial para crear la base de competencias que impulse la innovación circular. Sacar partido de la implantación de la economía circular solo será posible si se cuenta con trabajadores cuyos perfiles destaquen no solo en conocimientos, capacidad analítica, espíritu innovador y visión global, sino que también asuman el requisito de trabajar en equipo y de adaptarse a cambios disruptivos. Para asumir este reto, los gobiernos y entidades pertinentes deben promover la integración de la economía circular, del pensamiento sistemático y de la sostenibilidad en los planes de estudio de los centros educativos y de formación profesional, y adoptar esta estrategia para promover la sensibilización y asegurar el compromiso de la sociedad civil en general, y de los ciudadanos en especial, con los principios de la circularidad.

En similar orden de cosas, las diversas organizaciones intergubernamentales, las instituciones y entidades financieras internacionales, las organizaciones sin ánimo de lucro, el sector privado y la comunidad internacional en su totalidad, han de ejercer un papel fundamental en la provisión de asistencia técnica y financiera a los países en desarrollo. Para favorecer la transición fluida hacia la economía verde, es necesario un esfuerzo geopolítico sostenido y solidario por parte de diferentes actores. En este sentido, es probable que los niveles actuales de asistencia internacional para el desarrollo sean insuficientes, y que estos deban ser reevaluados a la luz de la magnitud de las transformaciones que se desea llevar a cabo.

Por su parte, Naciones Unidas y sus asociados han de coordinarse en torno a sus objetivos y a su trayectoria de apoyo a las actividades nacionales de desarrollo de capacidades y formación, y utilizar los conocimientos para apoyar los esfuerzos favorables a la transición hacia la economía circular.

En lo referente a las naciones de economías emergentes, la cooperación sur-sur es muy importante: las experiencias y los éxitos alcanzados por muchos de los países en desarrollo en conseguir una economía verde pueden aportar aliento, ideas y medios de gran valor para que otros países en similar estado y condición sean capaces de responder a problemas análogos, especialmente a la luz de los beneficios alcanzados y de la capacidad de liderazgo que los primeros hayan demostrado en la práctica. De esta forma, la cooperación sur-sur puede promover el intercambio de información, de conocimientos y de tecnología a un coste reducido. A un nivel más amplio, a medida que los países avanzan hacia una economía verde, el intercambio formal e informal de experiencias y de lecciones aprendidas a lo largo de su desarrollo, constituye una herramienta de gran valor para la puesta en práctica de capacidades.

- **Incentivos económicos y fiscales**

Todos los actores de las distintas cadenas de valor deberán tener acceso a financiación y herramientas de gestión para respaldar el gasto en activos y en investigación y desarrollo que implica la adopción y puesta en marcha de cualquier estrategia de economía circular. En otro orden de cosas, disponer de un marco normativo transparente y estable constituirá un requisito fundamental para motivar a los inversores y a los empresarios, y será especialmente alentador si los gobiernos demuestran la intención de apoyar la transición al modelo circular.

Los gobiernos y entidades financieras deben generar estímulos económicos y fiscales que permitan cubrir los riesgos asociados a la implantación de nuevos modelos empresariales, que en principio pueden ser considerados disuasorios, dado su carácter disruptivo. A falta de incentivos económicos, los emprendedores dispuestos y decididos a incorporar modelos de circularidad, pueden también recurrir a iniciativas como el "crowdfunding", modalidad de financiación muy próxima a los esquemas de la economía colaborativa, actualmente en boga como punto de partida para crear empresas innovadoras.

Cambios sustanciales en los regímenes fiscales, así como la evaluación objetiva de los beneficios de la circularidad, pueden igualmente contribuir a la transición desahogada hacia la economía circular. Los incentivos fiscales y económicos deben trasladarse desde los recursos hacia la mano de obra y la tecnología, y equilibrarse con la evaluación y el diagnóstico objetivo de las reservas de recursos de países, regiones y territorios. Este proceder debe a su vez ser complementado con la implementación de planes financieros a largo plazo, con el fin de evaluar correctamente y equilibrar el coste de los diversos factores que intervienen en el proceso, desplegando a partir de ello un nuevo marco económico que contribuya a la transición hacia la circularidad.

- **Incentivos sectoriales**

La colaboración transversal y eficaz entre cadenas de valor y entre sectores es imprescindible para el establecimiento a gran escala del sistema circular.

El desarrollo conjunto de productos, la transparencia que posibilitan la digitalización y el intercambio de información, los sistemas conjuntos de recogida y clasificación de residuos, las estrategias de optimización energética, los estándares sectoriales, la armonización de incentivos y los mecanismos de intermediación, son, entre muchos otros, conceptos a poner en marcha a través del establecimiento de plataformas colaborativas entre distintos sectores productivos, y entre empresas e instituciones gubernamentales.

Es útil tener en consideración las valiosas ventajas que aportan los llamados convenios de "Simbiosis Industrial", aplicables en determinadas regiones, comarcas o áreas industriales, en las cuales, mediante este tipo de iniciativas, es posible generar importantes sinergias productivas y beneficios económicos. En similar dirección se debe fomentar y movilizar a los entes locales y regionales para que intensifiquen sus esfuerzos para mejorar la eficiencia en el uso de los recursos, promuevan la reducción del desperdicio, y estimulen dentro de su ámbito de influencia el reciclado, la reutilización y la recuperación.

• Responsabilidad Social Corporativa

La Responsabilidad Social Corporativa (R.S.C.) es clave para la implantación de la economía circular y para alcanzar el desarrollo sostenible sobre la base de nuevos paradigmas. Además de enfocarse a los ámbitos económico, empresarial, social, cultural y ambiental, debe contribuir a mejorar el desarrollo y defender la dignidad de las personas y de la sociedad. En la era actual, tecnificada y globalizada, no cabe actuar en este terreno de modo irresponsable ni con mentalidad especulativa.

El dialogo entre todos los actores políticos, sociales y económicos debe ser permanente, con el fin de crear entre ellos un entorno de comunicación y colaboración solidario y eficaz. Promover un esquema de esta naturaleza ha de ser el objetivo de nuevas estrategias de marketing y comunicación transversal que generen sinergias colaborativas marcadas por los valores de la responsabilidad, la transparencia y la integridad, alejadas del concepto tradicional de consumo, con el fin de producir resultados sólidos y estables.

En un escenario de rápida transformación del paradigma socioeconómico y productivo, es necesario poner en marcha una revolución innovadora dirigida a crear un modelo de empresa socialmente responsable y económicamente viable. Las empresas, independientemente de su tamaño, van a ser, sin duda alguna, las locomotoras de una revolución a la que, paulatinamente, se unirán el resto de actores económicos y sociales. Las estrategias de negocio sostenibles, al igual que la tecnología, no son válidas "per se", y se han de adaptar al contexto vigente según el uso que se haga de ellas.

La gestión de los recursos, se trate de materias primas, de residuos valorizables generados durante los procesos industriales, o de productos y materiales reciclables o reutilizables derivados de la actividad de los consumidores, debe hacerse procurando que éstos sean integrados dentro de un circuito de retroalimentación que permita su optimización como tales, y promueva su permanencia en el ciclo económico durante el mayor tiempo posible. Y esta situación solo es posible de alcanzar si cada uno de los responsables involucrados actúa con sentido de compromiso y de solidaridad.

Actualmente, hay claros indicios de que el sistema consumista está alcanzando una situación de cierto colapso, a la vez que aumenta peligrosamente la producción de residuos y subproductos que no son reincorporados a ciclos basados en la economía circular. Esta situación provoca el incremento de la contaminación a todos los niveles, la saturación de vertederos incontrolados, el derroche de recursos de todo tipo, incluidos los naturales y los renovables, y aumenta la presión sobre los recursos finitos, en este último caso con el riesgo de producir su agotamiento irreversible.

Aplicada con objetividad y con un mínimo de sentido común, la Responsabilidad Social Corporativa ha de conducir y motivar a las empresas a jugar un papel proactivo que permita desterrar el concepto de consumo tradicional, para sustituirlo por un modelo de comportamiento socioeconómico basado en la sensatez, lo cual solo es posible si, aprovechando las soluciones tecnológicas actualmente disponibles, se crean grupos de interés recíproco, flujos de información y relaciones de colaboración y afinidad en el entorno de sus respectivos sectores de actividad.

Cada núcleo de actividad debe relacionarse con su entorno con el fin de procurar satisfacer tanto sus propias necesidades y expectativas, así como las de los demás actores afines susceptibles de compartir valor añadido de las relaciones de colaboración transversal. Este modelo de comportamiento productivo se ha de hacer extensivo al fomento de hábitos de consumo responsable que conduzcan a la racionalización del circuito de acuerdo con los principios de la circularidad. En síntesis, se trata de inspirar cambios sustanciales de comportamiento tanto a nivel de la producción de bienes y servicios como del consumo, apuntando hacia opciones sostenibles libres de toda intención especulativa y derrochadora.

Con anterioridad se aludió a la importancia que tienen, para consolidar la economía circular como modelo de comportamiento socioeconómico, las iniciativas de promoción, difusión, Información y formación, tanto a nivel de los ciudadanos, como de las empresas, organizaciones y todo tipo de estamentos públicos y privados. Las estrategias para incentivar de modo responsable la reducción y el reaprovechamiento de residuos, los cambios organizativos de las empresas, y el cambio de hábitos de consumo de los ciudadanos, se deben implementar no solo mediante la difusión teórica y académica de cursos monográficos, sino también recurriendo a la adopción de todas aquellas iniciativas que han demostrado su validez a la hora de ser llevadas a la práctica. Las empresas tienen que ofrecer productos y servicios sostenibles, pero lo más importante es que los consumidores también deben exigir y elegir las opciones "verdes", y dejar de malgastar impulsados por acciones propagandísticas que solo conducen al sobreconsumo e invitan a la "compra compulsiva", resultado del llamado "efecto imitación" y de la sumisión pasiva a marcas o modas impuestas para estimular el consumo marginal e inútil.

Es indudable que estos nuevos esquemas de comportamiento no son fáciles de asumir por la sociedad civil, por lo menos a corto plazo. Un cambio radical de paradigmas implica la necesidad simultánea de reconducir todo lo relativo a los modelos de publicidad que han conducido al auge de la era industrial, y como consecuencia colateral, al consumismo inútil y exacerbado. Se han de revisar con rigor y responsabilidad los métodos y procedimientos publicitarios, así como los mecanismos de comunicación social, con el fin evitar políticas de producción y consumo que propicien o lleven a las personas a adquirir bienes y servicios más allá de sus necesidades y de su capacidad de compra real, poniendo en entredicho el requisito de asegurar la sostenibilidad integral del sistema.

Nadie discute la importancia y los beneficios que aporta la práctica de la Responsabilidad Social Corporativa, cuando el objetivo es consolidar los fundamentos de la economía circular. Las empresas que se declaran respetuosas con el medio ambiente se sitúan en una posición de ventaja competitiva en el mercado, debido en gran medida a la presión ejercida por unos consumidores cada vez más sensibilizados en materia ambiental. Si además los consumidores participan de modo proactivo en estrategias enfocadas en esta dirección, el resultado más probable será el de impartir credibilidad y auténtico sentido a estos postulados.

- **Proyección transversal y multisectorial**

La innovación empresarial ocupa un lugar central en la transición hacia la economía circular. Este hecho implica el reto de unir esfuerzos entre todos los actores comprometidos en la implantación y desarrollo de estrategias conducentes a este objetivo, incluyendo ciudadanos, empresas y estamentos gubernamentales. Además, cada caso de aplicación de los principios de la circularidad requiere tener en cuenta el sector en el cual se sitúa su actividad, respetando rigurosamente los parámetros específicos que lo configuran y que desempeñan un papel destacado en materia de sostenibilidad, sin perder de vista el enfoque holístico que debe mantener con todo el resto del sistema.

Las estrategias que se centran exclusivamente en sectores concretos no pueden beneficiarse de las relaciones que es posible crear entre éstos y otras actividades afines o complementarias derivadas de la integración de diferentes cadenas de valor. La reducción del consumo energético y de las emisiones de gases de efecto invernadero son claros ejemplos de ello. Aumentar el uso de energías renovables resulta más eficaz cuando esta medida se acompaña de otras orientadas a mejorar la eficiencia energética entre sectores clave, como es el caso de la construcción, el transporte y la industria.

En el terreno de la economía circular, se deben favorecer las alianzas colaborativas y los esquemas de simbiosis industrial, con el fin de generar sinergias como resultado de todo el proceso de implantación y desarrollo de las iniciativas circulares, y superar por esta vía los retos que conlleva su aplicación. Se debe buscar la prosperidad implantando esquemas de colaboración innovadores entre auténticos "socios globales", de ámbitos locales, regionales, estatales y mundiales, dispuestos a adoptar planteamientos que permitan aprovechar los beneficios económicos, ambientales y sociales de los nuevos modelos conceptuales de trabajo, haciéndolos extensivos de modo responsable, recíproco y solidario al resto de los agentes involucrados en la aventura circular.

- **Gobernanza**

La evolución del mundo contemporáneo hacia la implantación de la economía circular se ve afectada por la gran magnitud y variedad de opciones que surgen como consecuencia de la evolución tecnológica, a lo cual es necesario añadir el requisito de adaptar dichas opciones a nuevos modelos de negocio, a nuevos paradigmas de comportamiento social, a diferentes actitudes de consumo, y a nuevos enfoques en la relación de la sociedad con el uso y protección de los recursos del planeta.

La economía circular involucra tanto a las administraciones públicas como a las empresas, pero también a la sociedad en general, que debe replantearse sus necesidades reales. De la misma manera, sus beneficios alcanzan a todos, reduciendo el uso de recursos y la generación de residuos, y limitando significativamente el consumo de energía y los costes de producción.

Ante esta realidad, aparece como requisito insoslayable el de gestionar todo este conjunto en sentido transversal, impartiéndole una dimensión global y solidaria. Es en este punto donde adquiere importancia la adopción de estilos de "gobernanza" o de "management" que permitan llevar a buen fin las iniciativas y las acciones dirigidas a alcanzar los objetivos de estabilidad económica y sostenibilidad integral implícitos en los principios de la circularidad. Asumir, y luego poner en práctica este fundamento de gestión, implica igualmente actuar con el máximo de agilidad, de modo que los ciudadanos, las empresas, las administraciones y los gobiernos puedan asumir comportamientos que vayan más allá de la simple sumisión pasiva al cambio generado por la evolución rutinaria de las circunstancias.

Tampoco hay que olvidar las lecciones del pasado, aquellas que en determinadas épocas generaron las "burbujas" y las famosas "crisis", producto de no haber reconducido a tiempo unos modelos empresariales y de comportamiento social basados exclusivamente en la bonanza coyuntural. En su día, muchos creyeron que el estado de bienestar era algo inamovible, un derecho adquirido y gratuito. Deslumbrados por el éxito que proporcionaron los años de "vacas gordas", políticos, empresas y ciudadanos vivieron en un engañoso "mundo de fantasía", sin aprender ni asumir las lecciones que anunciaron los desastres a los que siempre conducen la pasividad y el conformismo.

La sociedad no puede prosperar sobre la base de aceptar como inamovibles aquellas situaciones que deslumbran ocasionalmente mientras las cosas van bien, sin tomar conciencia de que dicha actitud tiene fecha de caducidad y conduce irremediablemente al caos. Para constatar esta lamentable realidad, no hay más que observar cómo muchas empresas murieron de éxito durante épocas de crisis por no rediseñar y reconducir a tiempo sus negocios. Y cómo simples ciudadanos, por ingenuidad, negligencia o ignorancia, vieron evaporarse sus ilusiones cuando vieron frustrados sus intentos de alcanzar niveles de vida excesivamente alejados de los medios y recursos reales de que disponían.

- **Indicadores para la evaluación de resultados**

Una de las cuestiones que suscita debate en relación con la implantación global de la economía circular, es la necesidad de disponer de indicadores que permitan evaluar objetivamente los avances y resultados que se consiguen mediante este modelo, en términos de eficiencia y de eficacia en el uso de los recursos. Teniendo en cuenta el carácter multisectorial y pluridisciplinar de la circularidad, para valorar este aspecto se suelen adoptar diferentes enfoques y fuentes de información, lo que dificulta la comparación de resultados. La economía circular se ve fragmentada a través de múltiples disciplinas, y por esta razón existen distintas perspectivas e interpretaciones del concepto, así como de los aspectos que requieren ser evaluados. Esta fragmentación puede incluso dar lugar a aproximaciones desiguales en relación con el cálculo de los impactos, lo cual dificulta también la comparación de resultados provenientes de fuentes dispersas. A su vez, se dispone actualmente de escasa información sobre los efectos indirectos de la circularidad sobre la economía, sobre la cadena de valor, sobre los cambios de patrones de conducta de los consumidores, así como sobre los efectos sociales de los impactos generados durante la transición hacia este modelo.

Disponer de indicadores idóneos para evaluar los resultados de la adopción del modelo circular es un requisito imprescindible para las administraciones y para las empresas a la hora de tomar decisiones. Para lograr que dichos indicadores constituyan una herramienta de evaluación eficaz, deben aportar información objetiva que permita "medir" los avances realizados durante la etapa de implantación, y facilitar datos estadísticos para el adecuado seguimiento, la toma de decisiones y el control del proceso.

Por otro lado, es necesario definir indicadores que permitan ser ajustados a las diferentes tipologías de recursos susceptibles de ser evaluados, comparando los datos de los procedimientos empleados en la economía lineal tradicional, con las ventajas generadas mediante la adopción de modelos circulares. Este análisis comparativo debe centrarse de modo dinámico, enfocándolo a aquellos aspectos más susceptibles de generar ventajas a corto plazo, como es el caso de la gestión de los recursos naturales, del agua, de la energía, de los residuos y de los subproductos. Para que adquieran mayor valor práctico, las observaciones se han de hacer teniendo en cuenta la evolución del cambio hacia modelos de producción y consumo basados en la adopción de estrategias de ecoinnovación y ecodiseño.

Los indicadores, que podrán o no tener carácter vinculante, deberán basarse en información de carácter técnico y legislativo, y ser de utilidad tanto para las empresas como para las administraciones, de modo que permitan medir los avances realizados, ajustar tendencias y mejorar su proyección a lo largo del tiempo. En el plano institucional, por ejemplo, se deberá tener en cuenta aspectos como la previsión de métodos armonizados para calcular las tasas de reciclado, y el desarrollo de indicadores relacionados con el "valor ambiental" de cada tipo de residuo. Con instrumentos de este tipo, junto con la adopción de nuevos modelos de negocio, las empresas que adopten los principios circulares podrán comprobar el valor adicional de sus productos y servicios, medir el impacto ambiental de sus procesos, aumentar su eficiencia en el uso de recursos, y orientar sus decisiones y estrategias en materia de sostenibilidad.

También es necesario tener en cuenta que las empresas suelen utilizar gran variedad de sistemas y herramientas de valoración aplicables a diversos aspectos de la gestión específica de su negocio, con el fin de evaluar, controlar y medir la productividad y el estado de progreso y desarrollo en áreas concretas dentro de la compañía. Como complemento de esta opción, estudios efectuados por diferentes organizaciones proponen, como medida de evaluación de los resultados de la adopción de la circularidad, el llamado Indicador Material de Circularidad (MCI), enfocado a nivel de producto, y que tiene en cuenta la cantidad de materiales y componentes nuevos, reciclados y reutilizados que entran en el proceso productivo, el tiempo y la intensidad de utilización del producto, teniendo en cuenta su mantenimiento y reparación, el destino del producto y sus componentes después de su uso, y con qué nivel de eficiencia puede ser reciclado. Considera los costes generados a lo largo de todo el ciclo de vida del producto, efectuando un balance entre estos costes y el valor añadido obtenible mediante su reutilización y el uso de sus componentes al final de su vida útil, incluyendo la valorización de dichos componentes mediante técnicas de reciclaje.

La demanda de sistemas de evaluación de los beneficios de la economía circular aumenta a medida que crece el interés por este modelo. No es fácil definir cuál o cuáles son los indicadores más apropiados para ello, y el reto más importante para las empresas radica en asumir el cambio de paradigma implícito en la adopción de nuevos modelos de gestión empresarial, generadores de impactos disruptivos si se les compara con los métodos tradicionales de evaluación. Las empresas habituadas a medir indicadores generales de "uso", necesitan en el contexto circular cambiar dichos procedimientos por sistemas de medición de "valor" y de "impacto" de sus productos y actividades.

En otro orden de cosas, la complejidad del cambio no facilita la evaluación de una determinada actividad, ya que, en principio, las empresas que deciden adoptar la economía circular desconocen los que deberían ser los nuevos sistemas de evaluación, ni cuentan con una visión en perspectiva que les permita basar sus observaciones en puntos de referencia concretos. La simple medición de las mejoras y de la optimización productiva no constituye un elemento válido para extraer conclusiones definitivas en cuanto a eficiencia o eficacia, aun cuando es probable que la evolución de las tecnologías digitales, tal y como se analizará más adelante, permitirá a corto plazo disponer del conjunto de datos estadísticos necesarios para analizar la información y enunciar conclusiones objetivas en este terreno.

A la hora de evaluar los resultados de la adopción de los principios y fundamentos de la economía circular, es también de interés tener en cuenta la observación de casos de éxito que han demostrado su eficacia en sectores diversos de actividad empresarial. Mediante la comparación con negocios similares, algunas empresas pueden disponer de información válida y extrapolable a su propia actividad a la hora de valorar los beneficios de su propia estrategia circular, basándose en las experiencias de organizaciones que han asumido el desafío de la circularidad, y que han conseguido por esta vía avances sustanciales en la evaluación y confirmación de las ventajas de esta práctica.

Ninguna herramienta de evaluación, en cualquier ámbito, es por sí misma capaz de medir el alcance de los impactos de un cambio, sobre todo si éste tiene carácter disruptivo. La economía circular no es una excepción en este sentido, y requiere de cierto tiempo de evolución hasta que llegue el momento en que sea posible disponer de puntos de referencia objetivos para redefinir un nuevo concepto del éxito empresarial.

IV – LAS HERRAMIENTAS DE LA CIRCULARIDAD

INICIATIVAS Y APLICACIONES ALINEADAS CON LOS PRINCIPIOS DE LA ECONOMIA CIRCULAR: EJEMPLOS Y CASOS DE ÉXITO

- Políticas de incentivo y apoyo
- Opciones circulares integradas: reciclaje, reducción, recuperación y reconversión
- Reaprovechamiento de residuos y subproductos
- Iniciativas en sectores agroalimentario y forestal
- Selección y recogida selectiva de residuos
- Reciclaje y recuperación: plásticos, vidrio, papel, aluminio
- Estrategias de gestión integrada basadas en el modelo circular
- Recuperación - Valorización
- Residuos voluminosos en el entorno urbano
- Reacondicionamiento
- Refabricación – Rehabilitación
- Reutilización
- Reparación
- Gestión de recursos hídricos
- Energías renovables
- Drones
- Digitalización y "Big Data"
- Casos destacables de aceleración global de la Economía Circular

LA ECONOMIA CIRCULAR COMO FUENTE DE RETOS Y OPORTUNIDADES EN EL CONTEXTO MUNDIAL

AMBITO LEGISLATIVO Y NORMATIVO APLICABLE A LA CONSOLIDACION DE LA ECONOMIA CIRCULAR

- Naciones Unidas (ONU)
- Comisión Europea (CE)
- Otros ámbitos normativos
- Implementación práctica de la normativa

EL DESAFIO DE LA TRANSICION HACIA LA ECONOMIA CIRCULAR

INICIATIVAS Y APLICACIONES ALINEADAS CON LOS PRINCIPIOS DE LA ECONOMIA CIRCULAR: EJEMPLOS Y CASOS DE EXITO

A continuación, se detallan y comentan algunos ejemplos e iniciativas basados en planteamientos circulares, que prometen o han demostrado ser válidos como opciones generadoras de beneficios y de valor añadido en diversos ámbitos, tales como la gestión de residuos, el ciclo del agua, la energía, la industria, la movilidad, la edificación y el sector agroalimentario. La mayoría refleja casos reales, cuya eficacia ha sido contrastada y comprobada después de haber sido puestos en marcha tanto a nivel de empresas privadas, como de instituciones vinculadas a sectores gubernamentales y de la administración pública.

Varias de las iniciativas reseñadas, enfocadas con criterios de economía circular, son susceptibles de ser extrapoladas y aplicadas de modo combinado, tanto de forma sucesiva dentro de un mismo proceso, producto o servicio, como a lo largo de etapas secuenciales que impliquen la participación y la colaboración multisectorial.

- **Políticas de incentivo y apoyo**

Europa necesita transformar su modelo económico, cambiando el actual patrón de comportamiento "extraer-fabricar-usar-tirar" por enfoques que incentiven la reutilización, la reparación, el reacondicionamiento y el reciclaje, todo ello con el objeto de ganar en sostenibilidad y en competitividad.

El nuevo paquete de medidas formulado por la **Comisión Europea** en diciembre de 2015, orientado de acuerdo con los objetivos del horizonte del año 2020, contiene medidas ambiciosas, que cubren todo el ciclo de vida de los productos, desde las fases de diseño y producción, pasando por las etapas de consumo, hasta el mejoramiento de la gestión de residuos al final de su vida útil. La Comisión orienta a los diferentes países que la integran formulando y fomentando iniciativas dirigidas a generar crecimiento sostenible y a crear nuevos puestos de trabajo. La economía circular, tal y cómo está concebida actualmente, apoyada por el paquete de medidas formulado por la Comisión Europea, orienta hacia el uso de recursos de modo más sostenible, presta especial importancia a los aspectos legislativos relacionados con los residuos, promueve la colaboración entre las industrias y la práctica del "ecodiseño", y ha puesto en marcha investigaciones destinadas a desterrar la práctica de la "obsolescencia programada".

Por último, la Comisión propone medidas en materia de eficiencia energética, ciclo del agua y contratación pública, con el ánimo de generar ahorro económico, valor añadido y protección del medio ambiente, en este último caso, prestando especial atención a todo lo referente al cambio climático y a la reducción de los gases de efecto invernadero.

- **Opciones circulares integradas: reciclaje, reducción, recuperación y reconversión**

H&M, empresa del sector de la moda, tiene en marcha una iniciativa de recogida de ropa usada de cualquier marca en sus establecimientos. Siempre que sea posible, la compañía transforma estas prendas en nuevas fibras para fabricar sus productos.

Empresas del sector de la informática, tales como **IBM** y **RICOH**, han puesto en marcha con éxito políticas de reducción de residuos y programas de recuperación y reconversión de equipos obsoletos o próximos al final de su ciclo de vida, provenientes tanto de sus líneas de producción como de clientes y consumidores. El material residual es sometido a reciclaje, reacondicionamiento, reventa y reutilización, incluyendo el destino de algunos componentes a la producción de energía, y minimizando las aportaciones a vertederos o a plantas de incineración. Esta iniciativa es eficazmente complementada con políticas de reducción y rediseño de los sistemas de producción y embalaje, generando importantes ahorros en costes directos y de transporte.

Apple, el gigante informático fabricante del Mac, el iPhone y el iPad, ha adoptado el compromiso de reciclar sus productos de forma responsable, y para ello ha desarrollado un programa que permite a los consumidores reciclar sus aparatos en desuso "online" o en sus tiendas. La compañía dispone de robots capaces de desmontar 1,2 millones de iPhone al año para reutilizar todos sus componentes. Durante el año 2014, recogió algo más de 40.000 toneladas de residuos electrónicos, lo que representa más del 75% del peso total de los productos vendidos en los siete años anteriores.

- **Reaprovechamiento de residuos y subproductos**

General Motors, empresa del sector de la automoción, ha conseguido importantes beneficios reincorporando residuos y subproductos a la cadena de producción, otorgando al proceso un esquema de circuito cerrado, y reduciendo la eliminación de residuos por incineración y destino a vertederos. Esta política ha implicado el rediseño y la puesta en marcha de nuevos modelos de producción, que, mediante la adopción de los principios de la economía circular, han permitido reducir considerablemente las emisiones de gases de efecto invernadero y el impacto sobre la salud y el medio ambiente. Además, estas medidas se han complementado con el compromiso de la empresa de fabricar vehículos que son reciclables en un 85% al final de su vida útil.

Bridgestone, empresa fabricante de neumáticos, aplica la política de reutilización de residuos tanto con propósitos económicos como sociales, mediante la recolección de material usado. En lugar de eliminar los neumáticos al final de su ciclo de vida mediante métodos tradicionales, los destina a nuevos fines, tales como la elaboración de pavimentos y asfalto, o los emplea como materia prima para la fabricación de nuevas cubiertas. Dentro de este circuito, la empresa incorpora también material en desuso proveniente de otros fabricantes, competidores o particulares, maximizando el beneficio del proceso de reciclaje.

Una de las plantas industriales de la empresa **Dow Chemical**, la de Terneuzen, está situada en la zona costera de Holanda, donde la competencia por demanda de agua dulce enfrenta a los sectores de la industria, la agricultura y la vivienda, dificultando la gestión integrada de este recurso. Con el propósito de optimizar el ciclo del agua en la región, Dow colabora con empresas del sector privado y con la ciudad de Terneuzen desarrollando un programa mediante el cual acepta las aguas residuales de la ciudad, las depura, y las reutiliza en sus procesos industriales. Como resultado de este planteamiento, logra la reutilización de unos 30.000 metros cúbicos de aguas residuales municipales al día, reduciendo en un 95% el consumo de energía destinado al tratamiento del agua, y eliminando 60.000 toneladas anuales de emisiones de dióxido de carbono de la planta industrial.

Caterpillar, fabricante de maquinaria y equipos industriales de diversa naturaleza, aplica desde hace tiempo los principios de la economía circular. Durante los últimos 40 años ha desarrollado un procedimiento de "diseño para la refabricación", mediante el cual piezas y componentes usados son reconstruidos varias veces, y empleados para reparar, reemplazar o renovar máquinas. Todos los productos regenerados mediante este procedimiento cumplen con los mismos estándares que los productos homólogos nuevos, garantizando de este modo los correspondientes niveles y requisitos de calidad.

- **Iniciativas en sectores agroalimentario y forestal**

Al igual de lo que ocurre en los entornos industrial y urbano, la agricultura ha de evolucionar hacia lo que podría denominarse "Smart Agro", es decir, hacia la sustitución integral de los procedimientos tradicionales de extracción – producción – consumo, característicos de la economía lineal, por modelos de negocio innovadores, fundamentados en el ecodiseño y la producción ecológica, y en el empleo de nuevos sistemas de explotación basados en tecnologías de última generación.

En relación con el mejoramiento y la racionalización de la gestión de la agricultura, existen también varias posibilidades de inducir mejoras y evitar problemas ambientales. Es el caso del empleo de fertilizantes y pesticidas, y el vertido descontrolado de residuos contaminantes que, si no se gestionan tomando las debidas precauciones, constituyen factores de contaminación de aguas, suelos y ambiente, así como de riesgo para los consumidores de productos agrícolas.

En igual sentido, el mejoramiento de las técnicas de cultivo y riego, así como la utilización de aguas depuradas y la reducción de la "huella hídrica" de los productos agrícolas, representan valiosas opciones para el ahorro de recursos hídricos, precisamente en un sector en el cual, como ya fue expuesto, se concentra la mayor proporción de uso del agua del planeta.

De modo similar a lo que ocurre en el sector de la logística y del transporte, el mejoramiento de las infraestructuras de almacenaje y de las redes de transporte y distribución de alimentos y productos agrícolas, puede inducir importantes ahorros de costes, así como reducir las pérdidas netas de alimentos causadas por deficiencias en este ámbito.

Los residuos y excedentes agrícolas constituyen una valiosa fuente de materia orgánica susceptible de ser empleada para producir fertilizantes mediante compostaje, o para generar energía, a través de procesos basados, entre otras, en técnicas de transformación de la celulosa en bioetanol. De este modo, los productores agrícolas se benefician de la venta de sus materiales residuales, obtienen a cambio un ingreso económico, y se evita que dichos materiales sean incinerados o acaben depositados en un vertedero. Por su parte, las empresas productoras de bioetanol tienen acceso a una materia prima más económica, si se la compara con la proveniente de cultivos específicamente explotados con este fin.

En el sector ganadero, la adecuada gestión de purines adquiere especial relevancia, no solo como vía para evitar la contaminación de suelos y fuentes de agua, sino también para aprovecharlos de modo equilibrado en el mejoramiento de los procedimientos de fertilización y recuperación de terrenos para el cultivo. Mediante técnicas innovadoras de gestión de las explotaciones ganaderas, es también posible reducir la producción de purines y optimizar el ciclo del agua.

Ajustar de modo equilibrado la formulación y distribución de nutrientes a través de los sistemas de fertilización, permite mantener el equilibrio ambiental, y evitar el vertido y la dispersión incontrolada de elementos contaminantes que puedan luego generar, entre otros, los conocidos problemas de eutrofización de lagos, o de deterioro de la calidad de las aguas superficiales y subterráneas por arrastre e infiltración de dichos elementos contaminantes.

En el ámbito forestal, las oportunidades de optimización de recursos son también importantes. El aprovechamiento de material forestal y biomasa como combustible en forma de "chips", "astillas" o "pellets" constituye una importante fuente de energía natural y renovable, además de que, bien enfocadas y organizadas, las iniciativas de este tipo permiten desarrollar operaciones de limpieza forestal, evitar el riesgo de incendios, desarrollar tecnologías innovadoras en materia de combustión y calefacción, y como consecuencia de todo ello, generar beneficios económicos, empleo y protección de un recurso natural renovable como es la madera.

Ampliar y vigilar el uso racional de la superficie agrícola y forestal puede tener efectos positivos sobre la producción y la vida en zonas rurales, al mejorar la calidad y productividad del suelo, aumentar la retención de agua, y favorecer el equilibrio ecológico y la conservación de la biodiversidad.

Figura 13 – Planta de elaboración de "Pellets", "Chips" y "Astillas" combustibles
a partir de biomasa forestal

• Selección y recogida selectiva de residuos

La selección y la recogida selectiva de residuos constituyen dos actividades previas básicas que se han de llevar a cabo para asegurar el éxito de las etapas posteriores del ciclo de economía circular, tales como el reciclaje y la recuperación.

Las tecnologías de la información están actualmente muy avanzadas, y mediante ellas es posible localizar diversos materiales en cualquier parte de la cadena de suministro, identificar productos y fracciones de materias, e identificar la situación y el estado de un producto durante su uso. Por ejemplo, utilizar tecnología RFID, o Identificación por Radio Frecuencia, en la selección de ropa y textiles al final de su vida útil, favorece el uso en cascada de cada tipo de materia textil para posteriores aplicaciones de mayor calidad y valor añadido.

También se están imponiendo innovadores sistemas automatizados de uso urbano que combinan la recogida de envases de vidrio, plástico o metal, los seleccionan, y los preparan para su posterior reciclaje y revalorización. Además, los usuarios de este tipo de sistemas perciben una compensación económica por los envases que depositan en estos equipos, lo cual estimula e incentiva a los ciudadanos a adoptar actitudes favorables a la sostenibilidad de los recursos por la vía de la economía circular.

La figura 14 ilustra un equipo de este tipo, actualmente utilizado en ciudades alemanas.

Figura 14 – Sistema urbano automatizado de recogida, selección, reciclaje y valorización de envases

Un sistema práctico y efectivo también utilizado en ciudades para facilitar la gestión de residuos de diversa índole, es el de los llamados "Puntos Verdes", a los cuales los ciudadanos pueden acudir para depositar en ellos, de modo selectivo, diversos tipos de productos y materiales que no tienen la posibilidad de ser reutilizados o reparados.

Los puntos verdes disponen de diferentes áreas, secciones y contenedores en los cuales se pueden depositar de modo separado materiales como papel, vidrio, metales, productos químicos, así como restos de aceites y pinturas, lámparas fluorescentes, electrodomésticos y equipos electrónicos. Los materiales depositados en los puntos verdes son a su vez sometidos a selección y clasificación por parte del personal responsable de estos centros, para luego ser destinados a plantas de tratamiento, reciclaje o recuperación, o ser sometidos a procesos de incineración controlada, neutralización o depósito en vertederos especiales.

Figura 15 – "Punto Verde", planta de Recuperación de Metales y centro de Desguace de Vehículos

Figura 16 – Ejemplos de sistemas de Recogida Selectiva de Residuos

Sin lugar a dudas, estos centros de depósito, selección y recuperación de residuos facilitan en gran medida la gestión de residuos voluminosos, tanto en ciudades como en zonas industriales, promoviendo la reincorporación de materiales al ciclo productivo, y evitando ser depositados o destruidos cuando aún tienen valor como recurso. Además, estos centros, bien diseñados, situados y organizados, contribuyen a reducir el impacto visual de los residuos en el medio ambiente.

La recogida y selección de residuos voluminosos, como es el caso de los residuos sólidos urbanos (RSU) y otros, implica el uso de elementos de transporte especiales, tales como camiones dotados de tecnologías automatizadas de carga y descarga, y plantas de selección, clasificación y transferencia, basadas en procedimientos manuales o automatizados de diversa naturaleza, según sea su grado de tecnificación. Entre otras, cabe mencionar las técnicas basadas en la visión artificial, y los métodos ópticos y magnéticos, empleados para separar residuos de materiales plásticos y metales.

En todo caso, el objetivo de estas operaciones a gran escala es proceder a la selección y tipificación de los diferentes elementos que componen el volumen de los residuos recogidos, su separación y su clasificación, para luego enviarlos a centros específicos y dar lugar a posteriores fases de recuperación, reciclaje, valorización energética o destino a industrias que los utilicen como nuevos recursos.

Estas opciones de recogida selectiva y posterior tratamiento favorecen la gestión de residuos aplicando de modo directo los principios de la economía circular. Se emplean con altos grados de eficacia en la gestión de materiales residuales tales como plásticos, papel, madera, vidrio y metales.

Figura 17 – Ejemplos de Plantas de Selección, Transferencia y Tratamiento de residuos diversos con diferentes grados de mecanización y automatización

- **Reciclaje y recuperación**

El reciclaje es una de las herramientas más valiosas cuando se desarrollan iniciativas vinculadas a la economía circular. Es una opción aplicable a gran variedad de materiales, aporta beneficios económicos considerables, y genera valor añadido en numerosos y variados procesos industriales como fuente de materias primas más baratas. También pone a nueva disposición elementos que entran a formar parte del ciclo de producción y distribución de diferentes productos y artículos, como es el caso de los envases y embalajes reutilizables.

Figura 18 – Algunos argumentos de peso que justifican el Reciclaje

Dos de las actividades que favorecen las operaciones de reciclaje son las denominadas "selección" y "recogida selectiva", a las cuales se aludió en detalle en un anterior apartado. Son alternativas aplicables tanto a la gestión de residuos como a algunas etapas de los procesos de reutilización y valorización.

Junto con el necesario requisito de proceder a la rigurosa tipificación previa de los residuos a reciclar, estas acciones constituyen el primer paso que hay que dar para establecer y controlar un circuito que permita obtener el máximo de eficiencia en la logística del proceso, con el fin de obtener la mejor eficacia en los resultados.

En su esencia, los procesos de reciclaje son relativamente sencillos, teniendo en cuenta que existen avances tecnológicos que permiten tratar con eficacia y reincorporar a la industria o a los servicios gran diversidad de elementos y materiales. Las figuras 19, 20 y 21 describen de modo esquemático información empleada en la difusión de tres de los ciclos de reciclaje y recuperación más comunes: plásticos, vidrio y papel

Del plástico al hilo

① Las botellas pasan por una máquina que les quita tapas y etiquetas.

② Luego de pasar por control de calidad, una máquina las pica en forma de escamas.

③ Las escamas pasan por una máquina de lavado y secado.

④ Las escamas entran a una máquina que derrite el plástico y les da forma de cordón caliente.

⑤ Tras pasar por agua fría, los cordones se solidifican. Una máquina los corta para crear 'pellets'.

⑥ La máquina de hilo derrite los 'pellets' nuevamente y los convierte en hilo.

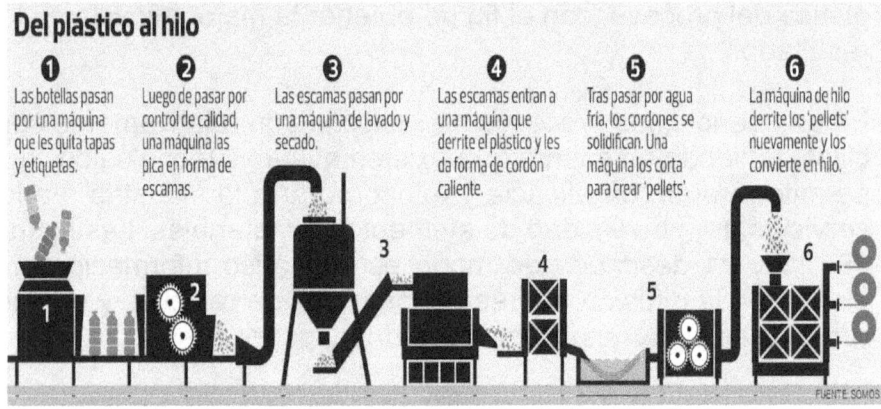

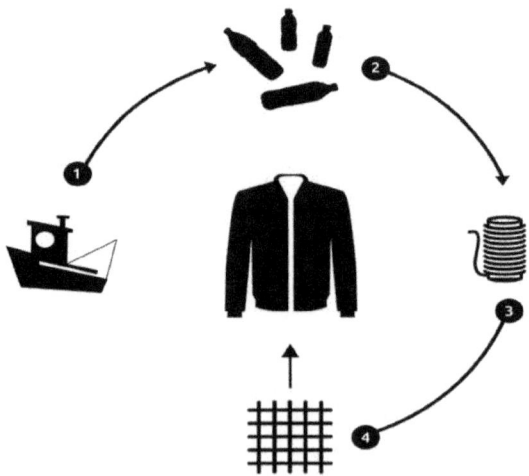

Figura 19 – Esquema del Reciclaje y Recuperación de Plástico   Fuente: ECOALF

156

Figura 20 – Esquema del Reciclaje y Recuperación de Vidrio

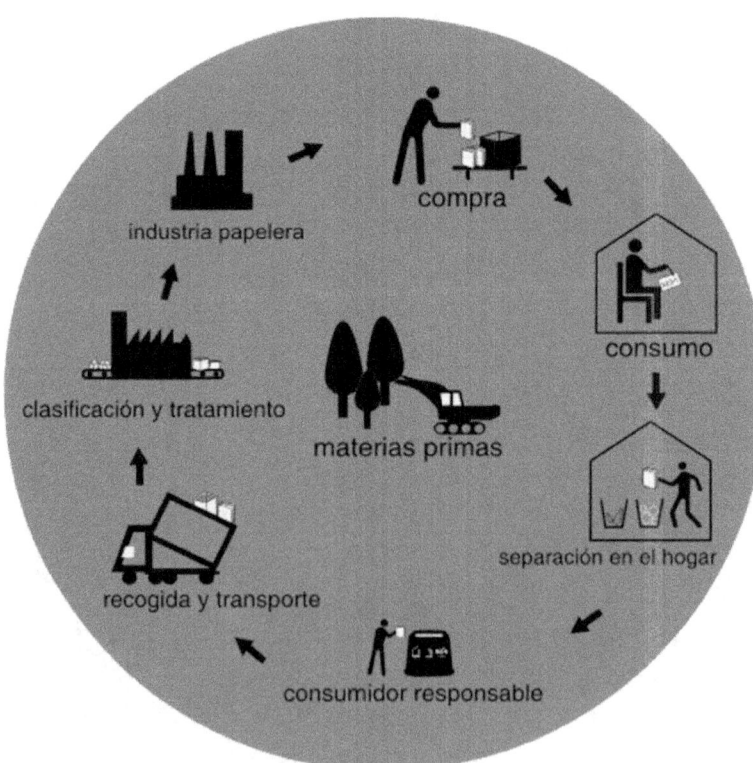

Figura 21 – Esquema del Reciclaje y Recuperación de Papel

158

A continuación, se describen algunos ejemplos de iniciativas y modalidades circulares integradas puestas en marcha con éxito por parte de diversas empresas y organizaciones, la mayoría de las cuales constituyen verdaderos casos de éxito.

- **Estrategias de gestión integrada basadas en el modelo circular**

TMA –Tecnología Medio Ambiente–, empresa española especializada a lo largo de más de cincuenta años en la gestión integral de residuos, ha puesto en marcha una planta de tratamiento de última generación en el puerto de Barcelona, centrada en el procesamiento, valorización, transferencia y eliminación de residuos provenientes de industrias y actividades diversas de la zona portuaria.

La planta, que ocupa una superficie de 11.000 metros cuadrados, y cuyas instalaciones están operativas 24 horas al día durante los 365 días del año, tiene capacidad para tratar 120.000 toneladas anuales de materiales residuales de diversa naturaleza. Gestiona residuos no peligrosos, como papel, plástico, metales y madera, para su posterior valorización, así como residuos peligrosos que llegan a sus instalaciones o son generados durante los procesos de tratamiento. Consta también con instalaciones para el tratamiento de residuos de fuel y su separación del agua y lodos, con el fin de reincorporar el combustible recuperado al circuito energético, actividad que lleva a cabo por estar diseñada y preparada para operar con los barcos y cruceros que acceden al puerto.

TMA complementa de este modo su apuesta por la gestión responsable de residuos, aplicando los principios de la economía circular y de la innovación. Con la planta del puerto de Barcelona complementa sus actividades en el sector ambiental, en el cual ha implementado y consolidado infraestructuras y actuaciones en el terreno de la transferencia, clasificación, selección, tratamiento, valorización y depósito controlado de residuos industriales, así como de residuos hospitalarios y biosanitarios, farmacéuticos, combustibles derivados de residuos, y productos peli-grosos. Además, es una empresa certificada de acuerdo con las Normas ISO 9001, ISO 14001 y OHSAS 18001, opciones que la sitúan en primera línea en todo lo referente a calidad, gestión ambiental y seguridad y salud en el trabajo.

Figura 22 – Planta de Transferencia y Gestión Integrada de Residuos en el Puerto de Barcelona

Figura 23 – Barcaza para Recogida Selectiva y Transporte de Residuos de Barcos y Cruceros para su posterior tratamiento en la Planta de Gestión Integrada

Nike, un importante proveedor de zapatos y ropa deportiva, desarrolla el ambicioso objetivo de duplicar su negocio con la mitad de impacto ambiental, por medio de la adopción de los principios de la economía circular en el centro de su estrategia. Nike ha identificado el requisito esencial para la innovación de productos y el modelo de negocio: la transición de un modelo lineal a uno circular, dirigido a un mundo que exige productos de circuito cerrado, diseñados con materiales de mejor calidad, fabricados con menos recursos, y susceptibles de ser reutilizados. Con este objetivo, ha puesto en marcha un esquema de gestión que integra operaciones combinadas de reciclaje, recuperación y rediseño en la fabricación de vestuario.

Hoy en día, el 71% de todo el calzado y la ropa Nike incorpora materiales reciclados, y sus diseñadores utilizan 29 materiales de alto rendimiento derivados de residuos valorizables. Complementa los procesos de diseño y fabricación empleando materiales recuperados a lo largo de la producción y al final del ciclo de vida de los productos. De este modo, Nike reorienta los flujos de residuos como elementos de valor, y reduce el impacto ambiental utilizando materiales renovables. Para acelerar este proceso, impulsa la colaboración transversal con la industria y con otros innovadores en políticas empresariales, con el fin de acelerar el cambio con enfoques basados en "sistemas" y "simbiosis".

La nueva Economía de los Plásticos: "The New Plastics Economy", un informe recientemente elaborado por la Fundación Ellen MacArthur y el World Economic Forum, es el primero que sugiere una clara estrategia de transición hacia la economía circular para la industria global del plástico, impulsándola hacia el mejor diseño de los envases y el incremento de las tasas de reciclaje. También sugiere nuevos modelos que encaminan hacia la mejor utilización de iniciativas, estrategias y tecnologías relacionadas con materiales y productos del sector del embalaje.

El plan de acción generado por el informe, que cuenta con el apoyo de más de 40 líderes de sectores gubernamentales y empresariales, entre los cuales cabe citar Unilever, Danone, Coca Cola y Veolia, ha permitido constatar los siguientes puntos:

- Si no se aplican en el sector políticas contundentes de rediseño e innovación, alrededor del 30% de los envases de plástico nunca serán reutilizados ni reciclados.
- Al menos un 20% de los envases de plástico ofrece oportunidades económicamente atractivas de negocio a través de su reutilización.
- Mediante esfuerzos debidamente concertados a la hora de rediseñar los envases y de gestionarlos después de ser utilizados, el reciclaje podría ser una opción económicamente atractiva para un 50% de envases de plástico.
- La estrategia sugerida por el plan apunta a lograr la reutilización y el reciclaje global del 70% de los envases de plástico, en contraposición a la tasa media actual del 14%. Para poder procesar el 30% restante, será necesario tomar medidas fundamentales en materia de innovación y ecodiseño.

Las iniciativas relacionadas con la nueva economía de los plásticos generan un interés y un apoyo de significativa envergadura en el sector industrial, y en estos momentos se están orientando con fuerza las posibles estrategias a seguir, señalando el camino que permita rediseñar el sistema global de gestión de los plásticos a través de acciones concertadas entre los actores implicados. Por su origen proveniente de fuentes de recursos finitos, así como por sus características como agentes potencialmente contaminantes, es indudable que prestar atención a los materiales plásticos es fundamental en el actual contexto económico, pero se debe abordar con rigor sus implicaciones ambientales, así como todo lo relacionado con su producción, uso y disposición al final de su vida útil, incluidos el reciclaje, la reutilización, las opciones de biodegradabilidad y los riesgos colaterales de contaminación.

El sistema EPSON PaperLab de recuperación y reciclaje de papel: Seiko Epson Corporation ha desarrollado el que parece ser el primer sistema compacto de fabricación de papel capaz de producir papel nuevo a partir de papel utilizado de desecho: PaperLab.

Este innovador sistema es un híbrido entre una máquina destructora de documentos y una planta de reciclaje de papel, que además no utiliza agua en el proceso. Trabaja a una velocidad de 14 hojas por minuto, hace innecesario transportar el papel usado hasta un centro de tratamiento, además de permitir preservar la confidencialidad y reducir costes y emisiones asociadas al reciclaje y a la compra de papel.

Mediante PaperLab se puede producir papel de oficina de varios tamaños, espesores y tipos, a partir de papel utilizado previamente. De este modo, es también posible combinar la destrucción de documentos de modo discreto, reciclarlos y volver a utilizar el material reciclado y procesado en forma de papel nuevo.

El sistema permite a las empresas hacer uso de una tecnología que apuesta y estimula de modo directo la economía circular. Con PaperLab, Epson pretende dar al papel un nuevo valor como recurso.

Figura 24 – Sistema PaperLab de Epson

Reciclaje de Aluminio en el sector de la Automoción: El aluminio es un material muy demandado y fácilmente reciclable. Lo prueba el hecho de que el 75% del aluminio hasta ahora producido sigue actualmente en uso. Además, reciclar aluminio desechado requiere solamente el 5% de la energía que se consumiría para producir aluminio a partir del mineral virgen. Ello explica el alto interés de la industria del aluminio por la economía circular.

Uno de los sectores que mayores esfuerzos está haciendo en reciclar y recuperar el aluminio es el sector de la automoción. Anualmente, a nivel europeo se generan más de 10 millones de toneladas de residuos provenientes de vehículos fuera de uso. No obstante, el reciclaje de los componentes de aluminio presenta ciertas limitaciones en cuanto a los procesos de reciclaje, de modo que diferentes aleaciones de aluminio acaban reciclándose como aluminio fundido de menor calidad. Para abordar este reto, el proyecto europeo *ShredderSort* pretende buscar soluciones para la industria del reciclaje de aluminio a partir de nuevas tecnologías de separación.

De hecho, en el sector existen ya varias iniciativas para cerrar el ciclo del aluminio. Además de ser una opción económica de menor impacto ambiental, incorporar aluminio en los vehículos permite reducir su peso, mejorar su eficiencia y, en definitiva, ahorrar combustible durante su uso. Ejemplo de ello es el caso de Ford, que utiliza residuos de aluminio de sus propios procesos de estampación para fabricar los camiones de la serie F-150, generadores de la menor huella de carbono de su segmento.

Otra iniciativa en este sector es el proyecto **REALCAR** (*REcycled ALuminium CAR*), promovido por Jaguar, Land Rover y Novelis, que ha permitido cerrar el ciclo del aluminio. El proyecto ha resultado ser un éxito, con beneficios financieros y ambientales claros: ha permitido recuperar más de 30.000 toneladas de aluminio en un año, y evitar la emisión de más de 500.000 toneladas de CO_2.

Los ejemplos de creación e implementación de una cadena de valor con un circuito cerrado de aluminio en el sector de la automoción, son potencialmente aplicables a otros materiales e industrias. Por ello, es importante seleccionar los recursos y materiales adecuados, promover la colaboración intersectorial y la simbiosis industrial con la cadena de valor, y reafirmar un liderazgo progresivo para replicar este tipo de experiencia en otros sectores.

- **Recuperación – Valorización**

Puestas en marcha de modo progresivo, secuencial y coordinado, las operaciones de recuperación y revalorización constituyen la base fundamental del aprovechamiento de los residuos y subproductos industriales y elementos en desuso susceptibles de ser reincorporados como materias primas, complementos o ingredientes de nuevos procesos industriales o servicios. En estos casos, también es un requisito llevar a cabo dichas operaciones recurriendo previamente a programas de recogida selectiva, acuerdos de simbiosis industrial y estrategias de colaboración entre aquellas empresas que, bien sea por afinidad o por complementariedad, puedan beneficiarse de las sinergias generadas como resultado de este tipo de iniciativas.

Las figuras 25 y 26 reflejan de modo esquemático los procesos de recuperación y revalorización de neumáticos y metales, claros ejemplos del posible aprovechamiento de unos residuos que, de no ser recuperados, implican su almacenaje o acumulación inútil en vertederos, chatarrerías, áreas de desguace y depósitos incontrolados, ocasionando innegables problemas de contaminación e impacto ambiental y visual, y la pérdida y desperdicio de valiosos recursos para la industria.

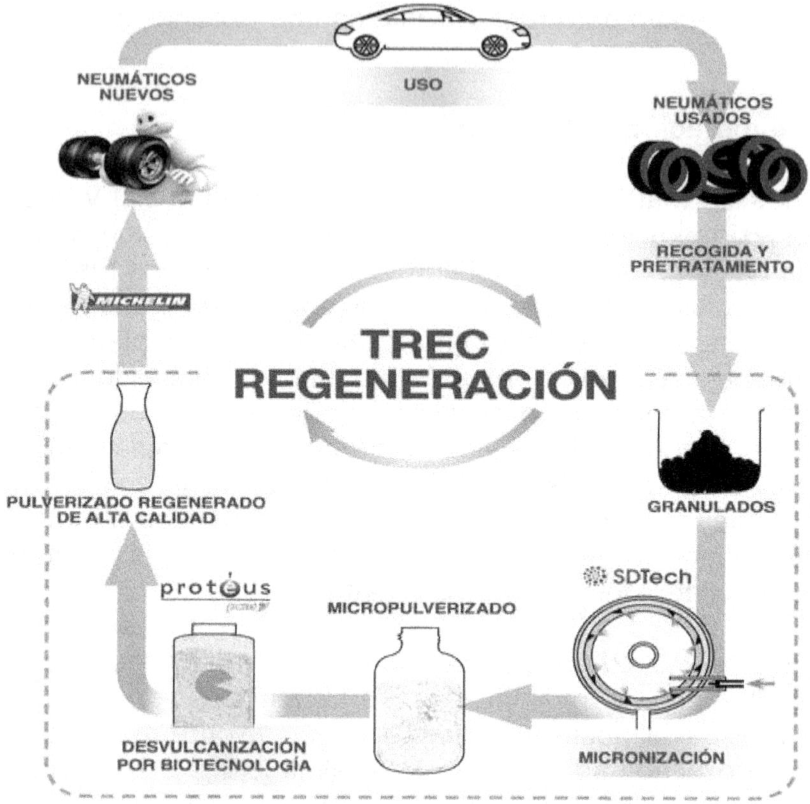

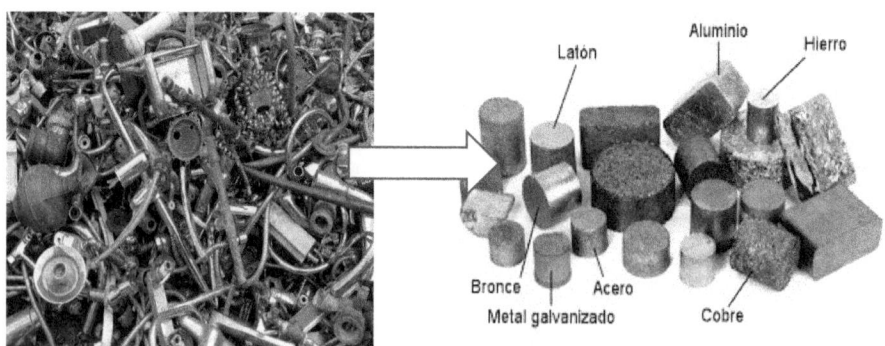

NEUMÁTICOS
NUEVOS

USO

NEUMÁTICOS
USADOS

RECOGIDA Y
PRETRATAMIENTO

MICHELIN

TREC
REGENERACIÓN

GRANULADOS

PULVERIZADO REGENERADO
DE ALTA CALIDAD

proteus

SDTech

MICROPULVERIZADO

DESVULCANIZACIÓN
POR BIOTECNOLOGÍA

MICRONIZACIÓN

Figura 25 – Ejemplo de Recuperación de residuos de Neumáticos

Latón

Aluminio

Hierro

Bronce

Acero

Metal galvanizado

Cobre

Figura 26 – Selección y recuperación de Metales

166

• Residuos voluminosos en el entorno urbano

Es un hecho que en el entorno urbano la gestión de residuos se complica cuando se trata de resolver el problema ocasionado por la necesidad de manipular materiales voluminosos. Pese a los avances que se han realizado en este ámbito, los residuos voluminosos siguen representando una dificultad a la hora de su valorización. Ello se debe en gran parte al volumen y variedad de sus componentes, lo cual se traduce en operaciones de procesamiento más costosas. Por ejemplo, de los 19 millones de toneladas de muebles, colchones, tapizados, textiles y productos de jardín que se desechan en la Unión Europea cada año, más de un 60% acaba en vertederos, y la tasa de reciclado actual de muebles es de sólo el 10%.

Para afrontar este reto, los fabricantes y los gestores de residuos voluminosos cada vez dedican más esfuerzos a encontrar nuevas soluciones orientadas a una economía más circular. Ejemplos de ello son los fabricantes que vuelven a comprar los productos usados viejos para darles una nueva vida, como hace la compañía sueca **IKEA** con su campaña Salvemos los Muebles. También este proceder lo ejemplifica el desarrollo de iniciativas relativamente sencillas para el reciclado de voluminosos, como es el caso de lo que propicia **Goodwill Industries** para el reciclado de colchones y somieres, o para el impulso de innovaciones avanzadas que permiten obtener productos reciclados de alto valor añadido.

De hecho, este último es el objetivo del proyecto europeo **UR-BANREC**, que pretende desarrollar soluciones que promuevan la reutilización, pero también la introducción de innovaciones en la logística y el tratamiento de los residuos voluminosos que hagan posible su valorización en forma de productos tales como adhesivos, disolventes, aditivos, espumas, composites reforzados con fibras, y fieltros y plásticos reforzados. Concretamente, el objetivo del proyecto es lograr la valorización del 82% de los residuos voluminosos de toda Europa, generando un considerable beneficio económico neto por tonelada. Más allá de las innovaciones, el proyecto, también pretende sentar las bases para definir e impulsar el desarrollo de una futura legislación europea sobre residuos voluminosos.

- **Reacondicionamiento**

En el ámbito de la recuperación y del reacondicionamiento de electrodomésticos y aparatos electrónicos, también se dan claras oportunidades de aplicar los principios de la economía circular. Un ejemplo en este terreno lo constituye **Ekorrepara**, una cooperativa pionera de inserción social, situada en Ortuella (Vizcaya, España), especializada en la recuperación y reparación de aparatos eléctricos con el fin de alargar su vida útil mediante su reutilización.

Ekorrepara es miembro de la red social **Koopera**, y aplica protocolos de reparación y reacondicionamiento que le permiten garantizar la calidad y la seguridad de sus trabajos.

Figura 27 – Recuperación de equipos, componentes y residuos de Electrodomésticos

Koopera es una cooperativa de segundo grado en la que participan cooperativas sin ánimo de lucro y de iniciativa social, además de empresas de inserción. Es actualmente una entidad que da empleo a 382 personas en Euskadi y a más de 550 en toda España. Tiene como misión la inserción socio laboral de personas en situación o riesgo de exclusión social, para lo cual pone en marcha diversas actividades de servicios ambientales, reutilización, reciclaje, consumo sostenible, formación, atención a personas y otras actividades que ayudan a cumplir este objetivo.

La cooperativa gestiona más de 12.000 toneladas de residuos reutilizables en la planta de tratamiento automatizado que posee en la localidad vizcaína, y que permite la gestión de diversos tipos de productos y materiales susceptibles de ser aprovechados. Los materiales tratados corresponden a textiles, calzado y complementos, juguetes, libros, pequeños aparatos eléctricos y electrónicos y otros productos de bazar. Este volumen alcanza las 32.000 toneladas si se consideran otros tipos de residuos tales como papel, aparatos electrodomésticos, pilas y voluminosos provenientes de otras entidades asociadas o colaboradoras. Los residuos finales no reutilizables o no reciclables son destinados a la valorización energética, con las consiguientes ventajas económicas y de reducción de impacto ambiental.

- **Refabricación – Rehabilitación**

Aplicada en el ámbito de la industria, la refabricación permite reincorporar al ciclo productivo artículos previamente utilizados que necesitan ser actualizados antes de ser reincorporados al uso. Mediante la sustitución de algunas piezas y componentes, pero manteniendo parte importante del producto original, los artículos se reincorporan al consumo con plenas garantías, originando un considerable ahorro de recursos. A menudo, según fue expuesto con anterioridad, esta práctica es también acompañada de nuevos modelos de negocio basados en la sustitución del concepto de "propiedad" por el de "servicio".

Algo similar ocurre con la rehabilitación, práctica habitual en el sector de la edificación, donde es posible volver a emplear materiales constructivos que no han perdido sus propiedades ni su valor, en operaciones de reforma, ampliación o modificación de inmuebles. En similar orden de cosas, la rehabilitación energética de edificios ofrece importantes posibilidades de ahorro, así como el seguimiento, control y optimización del consumo de energía en los procesos de fabricación de los materiales de construcción.

• **Reutilización**

Como iniciativa de fácil incorporación a las estrategias de economía circular, esta modalidad permite alargar la vida útil de múltiples productos, en lugar de ser condenados a su destrucción o eliminación. Por esta vía, artículos en buenas condiciones, que sus propietarios originales dejan de utilizar por no serles de más utilidad, pasan a manos de otros usuarios, que los adquieren a un precio considerablemente inferior al de los nuevos, y los utilizan durante más tiempo, generando un importante ahorro de recursos. Las opciones de reutilización son posibles en variados sectores, y vienen en parte a ser versiones modernas y actuales de la clásica costumbre del "trueque".

A nivel industrial, algunas empresas, como ocurre en el sector de los electrodomésticos, propician esta modalidad para contrarrestar los efectos de la obsolescencia, y para ofrecer a sus clientes productos con un período de uso de mayor duración. Sin embargo, se ha de tener en cuenta que no todos los productos ganan valor con los años. Los electrodomésticos emiten el mayor volumen de dióxido de carbono durante su utilización, y, por lo tanto, deben ser considerados desde la perspectiva de su ciclo de vida. Por ejemplo, para poder apreciar el beneficio ambiental que se puede obtener mediante la venta de una nevera de segunda mano, se ha de analizar el impacto sobre el medio ambiente de la energía y de las materias primas empleadas en la fabricación de cada uno de sus componentes, el importe económico de su fabricación y utilización, y el valor de los residuos recuperables al final de su ciclo de vida. En ciertos casos, puede incluso ser más conveniente adquirir un modelo nuevo con mayor eficiencia energética, que seguir utilizando un modelo antiguo, posiblemente obsoleto desde el punto de vista ambiental.

Donde también es posible aplicar la reutilización es en el caso de la edificación, donde materiales como la madera pueden ser empleados de forma repetida a lo largo de la construcción de los edificios, o incluso en ciertas industrias, que propician la reutilización de componentes de desguaces para reparar o reconstruir productos nuevos.

Como iniciativas ingeniosas en el terreno de la reutilización, merece la pena hacer referencia a las plataformas de compraventa por internet, que están teniendo gran acogida tanto por parte del público en general, como a nivel de ciertos nichos del comercio, de los servicios y de pequeñas industrias. Estas plataformas de intercambio de artículos diversos de segunda mano, relativamente recientes en el mercado, herederas de los primitivos sistemas que propiciaban este tipo de iniciativas a través de la publicación de revistas especializadas, permiten reincorporar al uso productos cuyo estado material es aceptable, en lugar de ser descartados y eliminados en vertederos o incinerados, o de permanecer acumulados de modo inútil en trasteros o almacenes.

Las opciones de compraventa que permiten estas modalidades de intercambio y reutilización vienen a ser versiones modernas y racionalizadas de lo que en su día se denominó "trueque". Su adopción permite poner en práctica uno de los principios más elementales de la economía circular: extender durante el mayor tiempo posible el ciclo de vida y la utilización de artículos y materiales, incluyendo aquellos que en determinados momentos puedan erróneamente ser clasificados como residuales.

Los mercados de segunda mano "on line", así como los servicios que ofrecen estas plataformas, generan grandes beneficios para el medio ambiente, al permitir que algunos objetos, como muebles, electrodomésticos y complementos de diversa índole, sean reutilizados tantas veces como sea posible antes de ser reciclados.

Como ejemplos de opciones de reutilización por esta vía, cabe citar, entre otras, las reflejadas a continuación, que son las que en la actualidad destacan por la buena acogida que están teniendo entre los ciudadanos y algunas empresas y negocios:

EBAY es un sitio destinado a la subasta de productos a través de internet, y uno de los pioneros en este tipo de transacciones. Fue fundado en el año 1995, y desde 2002 eBay es propietario de PayPal.

CASH CONVERTERS es una red tiendas especializadas en la compraventa directa y on-line de productos de segunda mano. Esta multinacional de origen australiano fue fundada en 1984.

🌣 wallapop

WALLAPOP es una start-up española basada en la geolocalización. Permite la compraventa de artículos de segunda mano a través de una aplicación móvil gratuita en función de la proximidad respecto a la posición del usuario.

VI))**•**

VIBBO es una plataforma de anuncios y aplicación para la compra y venta on-line de artículos diversos de segunda mano.

En el ámbito del sector de la construcción, merece destacar la iniciativa de arquitectura bioclimática sostenible, basada en los principios de la circularidad, desarrollada por **R4House**, la empresa creadora de las dos primeras viviendas bioclimáticas del mundo realizadas con materiales reciclados, reutilizados y recuperados, con un consumo energético cero, y sin generar residuos ni en su construcción ni en su deconstrucción.

Las casas, diseñadas por el arquitecto Luis de Garrido, constituyen un referente internacional de la arquitectura sostenible, ya que cumplen de forma exhaustiva con todos los indicadores de referencia conocidos hasta la fecha.

Las viviendas tienen un consumo energético cero de energías convencionales, y se autorregulan térmicamente debido a su diseño bioclimático, y a su óptimo aprovechamiento de la energía geotérmica y solar. Del mismo modo, el diseño y construcción de las dos viviendas se ha realizado con la finalidad de reducir al máximo el consumo energético, tanto durante su proceso de construcción, como en relación con las iniciativas de recuperación que se han de implementar al final de su vida útil. Prácticamente no se ha generado ningún residuo en la construcción de las dos viviendas. Todos los materiales entregados en obra se han utilizado por completo, de un modo u otro, hasta el más pequeño fragmento. Los componentes de las viviendas han sido diseñados de forma modular para ser ensamblados en seco. De este modo, tanto en su construcción como en su desmontaje final, no se generará ningún residuo, y todas sus piezas se podrán volver a reutilizar.

La estructura portante de las viviendas se ha realizado a base de seis contenedores recuperados, lo cual proporciona la flexibilidad y favorece la posibilidad de reutilización a coste reducido, ventaja que difícilmente se puede conseguir empleando métodos constructivos convencionales.

Figura 28 – Casas Bioclimáticas R4House

Las viviendas son un claro exponente de cómo pueden utilizarse en la arquitectura materiales reciclados, materiales reutilizados y materiales recuperados.

- **Reparación**

Dentro de las alternativas de carácter circular, la reparación viene a ser la combinación inteligente de varias actividades enfocadas a la optimización de recursos y al aprovechamiento de residuos y subproductos. Se basa sobre todo en las posibilidades que ponen al alcance de la mano el reciclaje y la recuperación, y es el paso previo para algunas alternativas de reutilización.

Los principios básicos de la reparación promueven, entre otras posibilidades:

- La utilización de productos o artículos que han sufrido averías de poca importancia que no impiden su normal funcionamiento una vez reparados.

- La reincorporación al mercado de productos que han sido afectados por accidentes durante su transporte o almacenaje, y que son reparados sin afectar su durabilidad.

- La reutilización de equipos antiguos en etapas avanzadas de uso que, al ser reparados y puestos a punto, justifican su utilización por más tiempo, con similar eficacia y a menor coste que las unidades de nueva fabricación.

- La reparación y el reacondicionamiento de equipos y componentes de instalaciones durante operaciones de mantenimiento, en lugar de proceder a su sustitución por elementos nuevos de coste superior.

- **Gestión de recursos hídricos**

La economía circular, un marco revulsivo de pensamiento sobre la economía, que ya ha ayudado a identificar posibles soluciones a numerosos desafíos relacionados con los recursos del planeta, puede también contribuir a crear una mejor relación entre la sociedad y el agua, con una proyección optimizadora y regenerativa enfocada a largo plazo. Los avances tecnológicos, tales como el empleo de sensores inteligentes, combinados con el análisis informático de los datos que suministran, permiten que los responsables de la gestión de los recursos hídricos puedan gestionar con eficacia su almacenaje, distribución y uso equilibrado, tanto en el ámbito urbano y de la edificación, como en la industria y en la agricultura. Además, las tecnologías de depuración y recuperación permiten optimizar el ciclo del agua, facilitando su ajuste al ciclo natural.

Antes de entrar en la adopción de nuevos paradigmas, que suelen ser de naturaleza disruptiva, la economía circular propicia sincronizar y optimizar el ciclo natural del agua. Si no se distorsiona de modo agresivo por intromisión de malas prácticas, el ciclo natural del agua es eficaz, regula los flujos, mantiene la calidad y previene los episodios de sequías e inundaciones. Utilizando la naturaleza como mentor, y aplicando los principios de la economía circular, tales como pensar en sistemas y asegurar los circuitos cerrados, es posible evitar las crisis del agua y asegurar la resiliencia para garantizar un suministro abundante y regenerativo.

Adoptando nuevos modelos de gestión y tecnologías innovadoras, es probable que en un futuro cercano no solo sea posible depurar, purificar, acumular y distribuir con eficacia el agua, sino también extraer y aprovechar otros residuos utilizables provenientes de la depuración de aguas residuales. Las plantas de tratamiento de aguas residuales podrán convertirse así en "biorefinerías" capaces de procesar una amplia variedad de materiales y convertirlos en productos útiles. Es un hecho que el agua es un recurso escaso que es necesario gestionar con rigor, procurando que el ciclo hídrico sea estable, que no se vea dañado por procesos de contaminación o uso indebido, y que se propicie la reutilización inteligente de este elemento.

Es evidente que gestionar el agua, así como otros recursos, aplicando los principios de la economía circular, es un tema que requiere de más exploración. Sin embargo, algunas iniciativas relacionadas con la adecuada gestión del agua son de aplicación inmediata, y entre ellas destacan dos que ya fueron citadas con anterioridad:

Pensar en "sistemas": la gestión de los recursos hídricos debe ser abordada con mentalidad holística y sistémica. Perfeccionar las prácticas agrícolas permite asegurar el suministro y la calidad del agua para los habitantes tanto de las zonas rurales como de las ciudades, mejorar sus condiciones de salud, y beneficiar el equilibrio del hábitat. Si a ello se añaden las medidas de gestión y recuperación posibles de aplicar en el sector industrial, las ventajas son aún más relevantes.

Reducir y optimizar el consumo: este principio es aplicable con resultados sustanciales en la agricultura, pero es en el sector urbano y de la edificación donde puede generar beneficios destacables. Entre las medidas prácticas para reducir y optimizar el consumo de agua en los edificios, merece destacar las siguientes:

- Instalación de grifos con limitador de caudal y automáticos.
- Uso de inodoros de doble descarga.
- Instalación de urinarios sin agua o con descarga activada por sensores.
- Selección de electrodomésticos de bajo consumo de agua.
- Depuración y recuperación de aguas residuales.
- Captación y almacenaje de aguas pluviales "in situ".
- Sustitución de bañeras por duchas.
- Control del consumo mediante contadores.
- Control y detección oportuna de fugas.
- Información y educación ciudadana.

Adoptar modelos regenerativos: esta iniciativa conduce a racionalizar el ciclo del agua. Los sistemas de depuración y regeneración son claros ejemplos del pensamiento sistémico aplicado al agua. Evolucionar hacia esquemas de ciclo cerrado permite conservar los recursos hídricos en el sistema, de modo que sean utilizados una y otra vez, y cerrar el bucle genera beneficios que van más allá de la reducción del consumo de agua. Además, los sistemas de circuito cerrado de agua pueden ser aplicados en todos los sectores de actividad, se trate del ámbito urbano, industrial o agrícola.

Actualmente, existen técnicas de depuración de aguas residuales que han demostrado ser eficaces tanto en el ámbito de las ciudades como en diferentes sectores industriales, incluyendo equipos compactos y modulares para ser utilizados en viviendas, urbanizaciones y núcleos urbanos de pequeña extensión y densidad poblacional, como puede ocurrir cuando se trata de aportar soluciones básicas y preliminares en países en desarrollo.

Estas técnicas permiten además reutilizar el agua depurada en sectores diferentes a los de la fuente de origen, como es el caso del agua proveniente de las depuradoras urbanas que se destina a regadío agrícola, o bien reincorporarla a un circuito cerrado para su reutilización, como ocurre en algunas industrias.

En todo caso, la depuración se ha de plantear no solo como una medida regenerativa enfocada a la reutilización del agua evitando su derroche, sino también como una medida preventiva que evite los vertidos contaminados a las cuencas fluviales, a los lagos y a los océanos, e impida toda posibilidad de contaminación de aguas subterráneas por infiltración.

No obstante, hay que tener en cuenta que la depuración no es un sistema que garantice por sí solo la estabilidad de los recursos hídricos: es necesario adoptar a la vez medidas que eviten los vertidos contaminantes y las pérdidas inútiles ocasionadas por fugas y filtraciones, implantar procedimientos y utilizar tecnologías innovadoras que eviten el derroche, optimizar las infraestructuras de almacenaje, reserva y distribución de agua, implementar modelos eficientes de producción agrícola e industrial, y finalmente, motivar hábitos de consumo que favorezcan la utilización sostenible de los recursos hídricos y reduzcan la "huella hídrica" de productos y servicios.

Figura 29 – Planta depuradora de Aguas Residuales urbanas

• Energías renovables

Las energías renovables son aquellas que se obtienen de fuentes naturales virtualmente inagotables, ya sea por la inmensa cantidad de energía potencial que contienen, o porque son capaces de regenerarse por medios naturales. La energía solar y otras fuentes de energías renovables, como la eólica, son tecnologías cada vez más asequibles, eficientes y eficaces, y los beneficios económicos que generan al reducir costes son aún más interesantes.

La economía circular propicia el cambio de fuentes de energía no renovables, por fuentes renovables o "verdes". Este cambio implica asumir y poner en práctica estrategias de "transición energética" que busquen transformar el actual modelo energético, intensivo en el uso de energías basadas en combustibles fósiles y grandes infraestructuras de generación, como son las centrales térmicas y nucleares, adoptando un nuevo paradigma, cuyos ejes son las energías renovables, la electrificación, la eficiencia energética y la generación distribuida.

En síntesis, se trata de implantar un nuevo modelo energético que permita frenar el cambio climático, proteger la salud de las personas, reducir los riesgos económicos, financieros y tecnológicos, incentivar el consumo responsable, facilitar el acceso controlado a los recursos, y aliviar las tensiones geopolíticas que derivan de los deficientes esquemas y políticas de gestión. La necesidad de esta transición es evidente y reconocida, pero a veces se pierde de vista la importancia del cambio, la magnitud de las ventajas que puede inducir, y los problemas que puede generar si no se asume con responsabilidad.

Figura 30 – Parques de generación Eólica de energía eléctrica

Un ejemplo innovador y revolucionario en el ámbito de aplicación de las energías renovables lo constituye la planta El Romero Solar, instalación de producción de energía fotovoltaica que ha construido la empresa **Acciona** en el desierto de Atacama (Chile), y que es actualmente la de mayor potencia de Latinoamérica.

Con 246 MWp de potencia pico, la planta produce energía equivalente al consumo de unos 240.000 hogares, y es capaz de generar anualmente unos 493 GWh de energía limpia, evitando la emisión a la atmósfera de unas 474.000 toneladas de CO_2. La planta se extiende sobre una superficie de 280 hectáreas en una de las regiones más áridas del planeta, con elevada irradiación solar y una atmósfera muy limpia, condición que facilita la captación de energía.

En su conjunto, la planta cuenta con 776.000 módulos fotovoltaicos de silicio policristalino, que totalizan una superficie de captación solar de más de 1,5 millones de m². Los paneles van instalados sobre estructuras metálicas estáticas que, alineadas, sumarían una longitud de 196 km.

Figura 31 – Planta de Energía Solar Fotovoltaica de Acciona en el desierto de Atacama (Chile)

Otro paso importante hacia la implantación de energías renovables lo constituye la transformación de la forma en que se diseñan y ubican los edificios y las ciudades. Además, actualmente el avance de las técnicas digitales permite un mejor análisis y control de la información a la hora de valorar las ventajas de la utilización de las fuentes naturales de energía, tanto de la solar como de la eólica.

Cabe destacar la importancia que adquiere la energía solar térmica y fotovoltaica en territorios y zonas de fuerte irradiación solar, como desiertos y zonas áridas no aptos para el uso agrícola, y la eólica, en áreas geográficas terrestres o marítimas donde la presencia de vientos es una característica de naturaleza dinámica y constante.

Sin entrar en mayores detalles, merece también la pena destacar que, entre otras fuentes de energía natural de interés, se encuentra la geotérmica, cuya explotación es posible en determinadas zonas y territorios, y la hidráulica, utilizada en el planeta desde tiempos inmemoriales. Por otro lado, las tecnologías de cogeneración permiten combinar la obtención y el uso de energía térmica con la producción paralela de energía eléctrica, mediante el empleo de técnicas cuya implementación favorece a la vez la adopción de esquemas de simbiosis y colaboración industrial entre diferentes sectores. También resulta atrayente aprovechar la producción de energía mediante la incineración controlada de residuos o subproductos que no son aprovechables por la vía de la reutilización y el reciclaje.

Al hablar de cualquier fuente de generación energética, no se debe obviar la necesidad de contar con adecuadas redes de distribución. En este sentido, y haciendo una vez más uso del lenguaje derivado de la era de la digitalización, cabe destacar la importancia que están adquiriendo las redes de distribución de energía eléctrica. Se estima que la red eléctrica del futuro, denominada "Smart Grid", será aquella que integre de manera "ecointeligente" las acciones de todos los usuarios conectados a ella, bien sean generadores, consumidores, o una combinación de ambas figuras, con el objetivo de suministrar energía eléctrica de manera eficiente, sostenible, económica y segura.

No se hace alusión en este libro a la energía nuclear, fuente energética sujeta a múltiples debates, especulaciones, polémicas y controversias. No obstante, merece la pena destacar que constituye una fuente de suministro que, una vez controlados los inconvenientes y problemas asociados a la gestión de los residuos y de la contaminación que puede generar, representa una fuente energética de considerable valor, susceptible de aliviar la presión sobre la extracción de recursos energéticos finitos, como son los combustibles fósiles, y de reducir a la par los problemas de contaminación del aire y la emisión de gases de efecto invernadero. Todo ello, sin dejar de tener en cuenta las posibilidades que ofrecerá en el futuro la energía atómica producida por fusión nuclear, constituyéndose en una fuente energética prácticamente inagotable. Pero de momento, esta alternativa ha de permanecer en una esfera que aún se inscribe en el terreno de la ciencia ficción.

- **Drones**

Son numerosos los sectores que están empezando a utilizar los Drones como herramientas dentro del desempeño de sus actividades específicas, no solo como instrumentos de diagnóstico e inspección de situaciones actuales, sino también como base informativa para elaborar modelos predictivos.

En momentos en que las imágenes juegan un papel importante en el mundo empresarial, instrumentos de este tipo pueden contribuir a facilitar la eficacia diferentes procedimientos que necesitan comprobar o demostrar de modo objetivo cualquier detalle enfocado a la toma de decisiones o a la elaboración de estrategias de diversa índole.

En el terreno de la economía circular, el empleo de drones puede generar ventajas favoreciendo, entre otras, las siguientes operaciones, directa o indirectamente relacionadas con procesos de monitorización, mantenimiento, control de calidad y estrategias preventivas, todas ellas enfocadas a la optimización de recursos de todo tipo, y, por lo tanto, a la sostenibilidad:

- o Diseño y control de obras de construcción, reforma, conservación y mantenimiento de edificios.
- o Control de calidad y vigilancia de operaciones de mantenimiento de grandes infraestructuras, tales como redes eléctricas, oleoductos, embalses, parques eólicos e instalaciones generadoras de energía solar.

- o Verificación de las condiciones meteorológicas, de seguridad y análisis de riesgos frente a posibles desastres naturales.
- o Coordinación y control de operaciones de emergencia en casos de desastres naturales, tales como inundaciones e incendios forestales.
- o Monitorización de las condiciones del suelo, estado de los cultivos, empleo de fertilizantes, control de plagas y uso del agua en agricultura.
- o Control y monitorización de la movilidad en redes de distribución, rutas y flotas de vehículos de transporte.
- o Monitorización del tráfico de vehículos en ciudades.
- o Monitorización y control de aspectos que requieran comprobaciones objetivas en procedimientos de certificación o de ajuste a normativas pertinentes.

Figura 32 – Drones empleados en Agricultura y mantenimiento de Parques Eólicos y Edificios

- **Digitalización y "Big Data"**

No es el propósito de esta obra entrar en detalles sobre Big Data, concepto también denominado "datos a gran escala", que da lugar a un sinnúmero de publicaciones y jornadas específicas de estudio y debate. Sin embargo, por su valor como herramienta de captura, almacenamiento, transformación, análisis y visualización de datos, adquiere indiscutible valor a la hora de investigar numerosos aspectos relacionados con la economía circular.

183

Resulta evidente que la circularidad es un modelo condicionado, entre otros requisitos, por la manipulación de enormes volúmenes de información, que han de ser asimilados con objetividad, para luego ser aprovechados con eficacia en beneficio de la sostenibilidad.

Big Data es un concepto que hace referencia al almacenamiento de grandes cantidades de datos, y a los procedimientos usados para encontrar dentro de dichos datos patrones susceptibles de ser empleados en múltiples esferas del mundo de la empresa y de la investigación. Es una tecnología que posibilita un nuevo enfoque de entendimiento y toma de decisiones, utilizada para describir grandes cantidades de datos estructurados, no estructurados y semiestructurados con información muy variada, que pueden ser representados de diversas maneras, y cuyo análisis requiere de una velocidad de respuesta rápida para obtener la información correcta en el momento preciso. Ello es posible gracias al hecho de que la conectividad entre empresas, dispositivos y usuarios es cada vez mayor, y la adecuada gestión de la información abre posibilidades de gran valor para la optimización del uso de los recursos. Como resultado, las técnicas de Big Data permiten análisis descriptivos a partir de los cuales es posible elaborar predicciones y efectuar prescripciones fundamentadas en la correlación y el tratamiento integrado de la información procesada. En síntesis, esta herramienta permite transformar "datos" e "información" en "conocimiento".

La disciplina Big Data, orientada a los datos masivos, se enmarca en el sector de las tecnologías de la información y la comunicación, y se ocupa de todas las actividades relacionadas con los sistemas que manipulan grandes conjuntos de datos. Las dificultades más habituales vinculadas a la gestión de importantes volúmenes de información se centran en la recolección, el almacenamiento, la búsqueda, el uso compartido, el análisis, y la visualización. La tendencia a manipular enormes cantidades de datos se debe en muchos casos a la necesidad de emplear dicha información para la creación de informes estadísticos y modelos predictivos utilizados en diversos sectores, tales como el análisis de negocios, la publicidad, los datos sobre enfermedades infecciosas, el seguimiento demográfico y el control ambiental.

A modo de ejemplo de la utilización de Big Data en temas relacionados con la economía circular y la sostenibilidad, cabe citar una iniciativa enfocada a sensibilizar, concienciar y motivar a la sociedad a cuidar el entorno de una manera responsable. Con la ayuda de la plataforma Vertica Analytics de HP, se situaron 1.000 cámaras especiales en 16 bosques de 4 continentes. Estos equipos incorporan unos sensores que, a modo de cámara oculta, graban el comportamiento de la fauna. Con las imágenes y los datos obtenidos de los sensores, tales como precipitaciones, temperatura, humedad y radiación solar, se consigue información que permite extraer conclusiones sobre cómo el cambio climático o el desgaste de la tierra afecta su comportamiento y desarrollo, suministrando información de gran valor para monitorizar aspectos relacionados con la biodiversidad.

En el ámbito urbano, Big Data representa también una valiosa herramienta para facilitar la aplicación de los principios de la economía circular. En tal sentido, el concepto "Smart City" o ciudad inteligente, que utiliza las tecnologías de la información y la comunicación para mejorar la calidad de los servicios urbanos y reducir los costes, marca tendencias interesantes que conducen a mejorar la movilidad, la logística y el transporte, a optimizar el consumo de energía, a gestionar con eficacia los recursos hídricos y la gestión de residuos, y a racionalizar numerosos servicios destinados a los ciudadanos. Todas estas opciones se consiguen mediante la instalación de sensores específicos que recogen los datos necesarios para llevar a cabo, entre otras posibles actuaciones, el control del tráfico de vehículos, de los estacionamientos, del transporte público, del nivel de capacidad de los contenedores de residuos, y de los sistemas de iluminación urbana, proporcionando la información necesaria para tomar decisiones objetivas, optimizar procesos y prevenir riesgos.

Frente a los retos que plantea la evolución urbana, la obtención en tiempo real y el análisis de grandes volúmenes de datos generados por los sensores de forma continua se ha convertido en esencial. Debido a la gran variedad de fuentes de información, y a la naturaleza casi ilimitada del volumen de datos generados por la digitalización, las ciudades deben implementar estrategias de Big Data para asegurar su sostenibilidad de modo integral.

Son numerosas las aplicaciones basadas en la digitalización y en el Big Data que permiten favorecer la gestión de actividades mediante las cuales, aplicando los principios de la economía circular, se persiga la sostenibilidad, se prevean y eviten riesgos, y se optimicen procesos y sistemas de producción y control. Cada una de estas aplicaciones, al igual que otros aspectos relacionados con la circularidad, constituye un material que puede dar lugar a análisis y exposiciones extensas que constituyen temas a debatir en detalle en otras plataformas. Sin embargo, de modo sintetizado, cabe destacar su aplicación en las siguientes disciplinas:

- **Sistemas de Posicionamiento Global (GPS) y Geolocalización**, tecnologías basadas en satélites artificiales que suministran gran variedad de información en tiempo real, como es el caso de los Sistemas de Información Geográfica (GIS), apoyados por un conjunto organizado de hardware y software, más datos geográficos, diseñados especialmente para capturar, almacenar, manipular y analizar en todas sus posibles formas la información geográfica referenciada.

  La geolocalización es de aplicación en sectores como la logística, el transporte, la distribución y el comercio, aportando información de gran valor a la hora de optimizar las rutas de distribución de productos y materiales a nivel territorial y urbano. Complementada con sensores especiales, constituye una valiosa ayuda a la hora de gestionar aspectos relacionados con la meteorología, el medio ambiente, la agricultura y la ecología.

Los sistemas GPS tienen igualmente múltiples aplicaciones de tipo civil, entre las cuales destacan su empleo en técnicas agrícolas y forestales de precisión, sistemas de gestión y seguridad de flotas, tendido de redes de tuberías, nivelación de terrenos, y estudios ambientales relacionados con la explotación y protección de los recursos naturales.

o **Meteorología**, ciencia que, haciendo uso de información vía satélite, permite efectuar previsiones climáticas con un importante nivel de fiabilidad, reduciendo, mediante la prevención, el riesgo derivado de huracanes y tormentas, causantes de catástrofes y desastres naturales tales como inundaciones, perjuicios y destrucción de edificaciones e infraestructuras, y daños a los habitantes de las zonas afectadas.

Un ejemplo de aplicación de la meteorología a la prevención lo constituye el caso del fenómeno "El niño", causante de los conocidos desastres naturales que ocurren con cierta frecuencia en ciertas regiones del planeta, tales como Australia. En este país, la estrategia de prevención consiste en la adopción de medidas a corto, medio y largo plazo, tal como se indica de modo esquemático en la figura 33.

PREVENCION DEL FENOMENO "EL NIÑO" EN AUSTRALIA

CORTO PLAZO

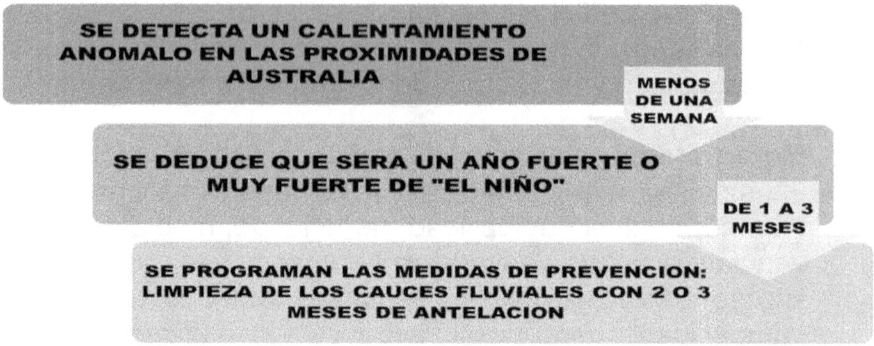

SE DETECTA UN CALENTAMIENTO ANOMALO EN LAS PROXIMIDADES DE AUSTRALIA

MENOS DE UNA SEMANA

SE DEDUCE QUE SERA UN AÑO FUERTE O MUY FUERTE DE "EL NIÑO"

DE 1 A 3 MESES

SE PROGRAMAN LAS MEDIDAS DE PREVENCION: LIMPIEZA DE LOS CAUCES FLUVIALES CON 2 O 3 MESES DE ANTELACION

MEDIO PLAZO

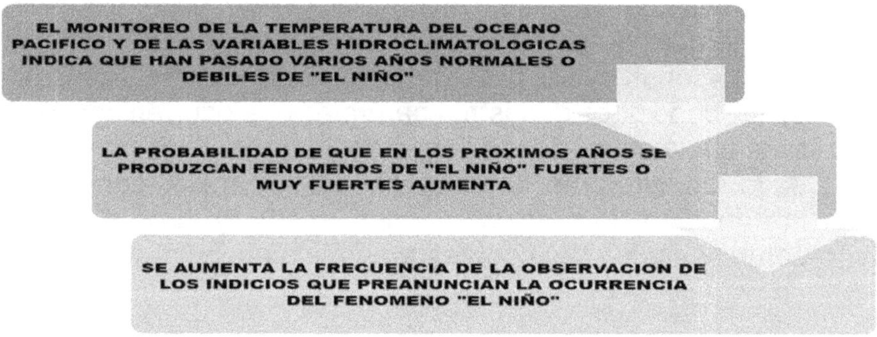

EL MONITOREO DE LA TEMPERATURA DEL OCEANO PACIFICO Y DE LAS VARIABLES HIDROCLIMATOLOGICAS INDICA QUE HAN PASADO VARIOS AÑOS NORMALES O DEBILES DE "EL NIÑO"

LA PROBABILIDAD DE QUE EN LOS PROXIMOS AÑOS SE PRODUZCAN FENOMENOS DE "EL NIÑO" FUERTES O MUY FUERTES AUMENTA

SE AUMENTA LA FRECUENCIA DE LA OBSERVACION DE LOS INDICIOS QUE PREANUNCIAN LA OCURRENCIA DEL FENOMENO "EL NIÑO"

LARGO PLAZO

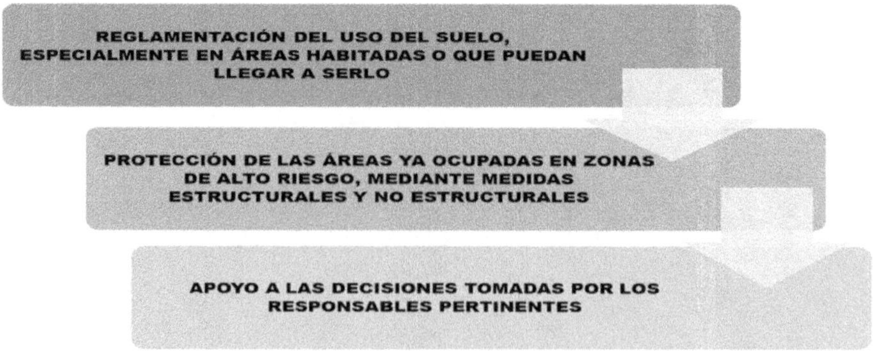

REGLAMENTACIÓN DEL USO DEL SUELO, ESPECIALMENTE EN ÁREAS HABITADAS O QUE PUEDAN LLEGAR A SERLO

PROTECCIÓN DE LAS ÁREAS YA OCUPADAS EN ZONAS DE ALTO RIESGO, MEDIANTE MEDIDAS ESTRUCTURALES Y NO ESTRUCTURALES

APOYO A LAS DECISIONES TOMADAS POR LOS RESPONSABLES PERTINENTES

Figura 33 – Diagramas de la prevención del fenómeno "El Niño" en Australia

o **Monitorización, Teledetección y Teleobservación**, técnicas que, al igual que en el caso de la meteorología, permiten efectuar, entre otras posibilidades, el control y seguimiento a distancia y en tiempo real, mediante cámaras de alta resolución, sensores específicos y transmisión inalámbrica de datos, de diversos parámetros. Por esta vía, es posible controlar fenómenos ambientales, episodios de contaminación atmosférica, ruido y congestión de tráfico, independientemente de los procedimientos que permiten con estos medios automatizar y controlar el agua de riego en la agricultura, y medir el consumo de agua y energía en redes, edificios e industrias para optimizar su distribución y consumo.

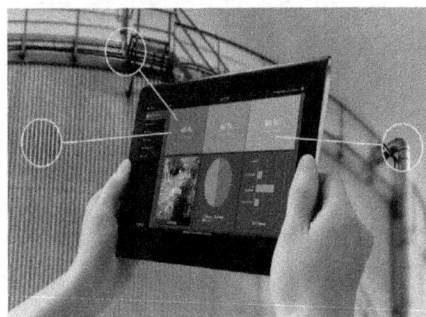 

Figura 34 – Sistema de monitorización inalámbrica de parámetros ambientales

o **Domótica**: es una técnica que permite su aplicación en diversos sectores, y que adquiere especial relevancia en el sector de la edificación, en la industria, en el control energético y en el ciclo del agua. En cada uno de estos casos, permite respectivamente automatizar procesos que optimizan la climatización y la iluminación del ambiente interior, el funcionamiento equilibrado de la fabricación robotizada, la automatización de procesos y maquinaria, el suministro de energías provenientes de diferentes fuentes a las redes de distribución eléctrica, y el rendimiento de las redes y sistemas de almacenaje y distribución de agua. La domótica permite también la integración de sistemas, unificando procedimientos para mejorar la eficacia del conjunto.

- **Casos destacables de aceleración global de la economía circular**

Los ejemplos y casos locales y puntuales de éxito relacionados con la aplicación práctica de los fundamentos de la economía circular son múltiples y variados. No obstante, es interesante observar que, en ámbitos geográficos y regionales de mayor magnitud, también se están desarrollando políticas e iniciativas interesantes y a tener en cuenta si se desea analizar el valor que representan como herramientas de impacto global en la sociedad y en los recursos del planeta.

Los ejemplos de experiencias e iniciativas generadas en Europa, Japón, China y Latinoamérica son claros exponentes en esta materia.

Europa

En el manifiesto publicado por la Plataforma Europea para la Eficiencia de Recursos (**EREP**), presentado en diciembre de 2012, sus miembros acordaron que "La Unión Europea no tiene más opción que promover la transición hacia una economía eficiente en el uso de los recursos y, en último término, regenerativa y circular".

El EREP señaló la importancia de retirar los subsidios ambientalmente perjudiciales, especialmente aquellos sobre los combustibles fósiles, que distorsionan los precios y enmascaran el coste real de dichos recursos. Otra de las recomendaciones fue la de explorar la posibilidad de introducir el "pasaporte de productos", que no solo documente los componentes y contenidos de un determinado producto, sino que también ofrezca mayor transparencia sobre el mismo a la hora de ser reparado, refabricado o reciclado.

El manifiesto reconoce que el reciclaje de alta calidad tiene "un potencial significativo para la creación de trabajo y crecimiento", y está en línea con los objetivos de la Unión Europea de no verter residuos en 2020, ni tener que recurrir a los sistemas de incineración. La intención de estas recomendaciones es clara: que, en lugar de crear trabas legales para el modelo circular, las políticas transmitan señales positivas a los productores, destacando las ventajas económicas de los modelos de negocio circulares.

Japón

Enmarcado dentro del concepto de "establecer una sociedad basada en los ciclos de los materiales", el sistema de políticas japonés se centra en la gestión de residuos y en la conservación de recursos.

La ley de Promoción de Utilización Eficiente de Recursos, ratificada en el año 2000, ha sido descrita como "una de las que hacen época y que no tienen precedentes en el mundo". Cubre el ciclo de vida completo del producto, desde su extracción como materia prima, hasta su reutilización o reciclaje final.

De acuerdo con las últimas cifras, la tasa de reciclaje de metales en Japón es del 98%. En 2007, sólo el 5% de los residuos del país fueron depositados en vertederos. La mayor parte de los productos eléctricos y electrónicos son reciclados, y hasta un 89% de sus componentes son recuperados. Como regla general, los materiales recuperados son utilizados en la fabricación del mismo tipo de productos, cerrando el círculo de producción de una economía genuinamente basada en el reciclaje.

China

En el enfoque chino, el término "economía circular" es definido como un concepto genérico que involucra diversas actividades, cuyo objetivo es reducir, reutilizar y reciclar materiales en procesos de producción, distribución y consumo. Pese a que el artículo 19 de la Ley de Promoción de la Economía Circular enfatiza el importante papel del diseño de los procesos, equipos, productos y envasado, la experiencia de China con la economía circular hasta ahora se ha centrado en aplicaciones concretas y limitadas. Por ejemplo, la ley propicia el diseño innovador de los productos, eliminando el residuo desde el nivel de su concepción, o facilitando la regeneración y la adopción de nuevos modelos de negocio. También incide en el desempeño relacionado con los modelos de uso y propiedad. Ambos aspectos constituyen los elementos clave del modelo circular descrito en la citada ley.

Los enfoques propiciados por la legislación china se alinean con el objetivo último de desvincular el crecimiento económico del consumo de recursos naturales, y evitar la degradación ambiental. Los primeros pasos dados por este país, en el cual las connotaciones ambientales y sociales son extremadamente complejas, abren sin embargo el acceso a un terreno fértil y de importante potencial para la implementación de un modelo de economía circular más integral y eficaz.

Últimamente, China está marcando pautas innovadoras y revolucionarias en lo referente a las energías renovables y a la reducción de las emisiones contaminantes causantes del cambio climático, sentando las bases para una transición progresiva hacia la reducción de la dependencia de los combustibles fósiles mediante la promoción y el desarrollo, entre otras, de las tecnologías solares de generación de energía solar fotovoltaica. En un país que en estos momentos es la segunda potencia económica mundial, y uno de los mayores emisores de gases de efecto invernadero, la adopción de iniciativas de esta naturaleza constituye, sin lugar a dudas, un ejemplo de responsabilidad ambiental y de compromiso con los requisitos fundamentales de la sostenibilidad.

América Latina

América Latina es abundante en recursos naturales. Representa el 44% de la producción mundial de cobre, el 49% de la plata, el 65% del litio, y el 20% de las reservas de petróleo del mundo. También contiene el 33% de las reservas de agua dulce, y el 20% de los bosques nativos del planeta.

Durante el siglo XX, la región no tradujo su riqueza en desarrollo económico a largo plazo, debido principalmente a la falta de políticas integrales de manejo de recursos y de residuos, hecho agravado, entre otros factores, por contar con una base emprendedora inmadura durante aquel período de tiempo. Sin embargo, a pesar de que América Latina sólo representa el 8% del PIB mundial, ha conseguido sacar a 70 millones de personas de la pobreza, expandiendo su clase media en un 50%, evidenciando una de las tasas de urbanización más altas del mundo, un 75%, comparado con el promedio mundial del 50%.

Se espera que en el año 2030 la región aumentará su población en un 17%, alcanzando 705 millones, e incrementará su generación de residuos per cápita en un 45%, hasta llegar a 1,6 kg por día. Además, hay que tener en cuenta que en América Latina más del 60% de los residuos acaban en vertederos incontrolados.

América Latina tiene un potencial prometedor en lo referente al uso eficiente de los recursos y a la creación de nuevas políticas de gestión de residuos, hecho susceptible de generar interesantes oportunidades para la nueva cultura basada en la economía circular. Desde el punto de vista del actual escenario económico, social y ambiental, avanzar hacia la circularidad puede convertirse en una estrategia política e industrial clave para la consolidación económica de la región, logrando beneficios sustanciales en la generación de empleo de calidad, creación de nuevas empresas, y lucha contra el cambio climático.

LA ECONOMIA CIRCULAR COMO FUENTE DE RETOS Y OPORTUNIDADES EN EL ESPACIO MUNDIAL

En reiteradas ocasiones a lo largo de esta aproximación a los fundamentos de la economía circular, se ha hecho alusión a la importancia y a las ventajas implícitas en la adopción de políticas circulares en el actual escenario mundial. Esta realidad conduce una vez más a reflexionar en relación con las medidas y decisiones que es necesario aplicar centrando el enfoque dentro de la perspectiva de las diferencias existentes entre las naciones industrializadas y las emergentes.

Si se tiene en cuenta las especiales características de la economía del mundo globalizado, es evidente que la adopción de los principios de la circularidad no solo representa oportunidades y ventajas para los países industrializados como herramienta preventiva, sino también como instrumento reactivo y corrector de obligado empleo para paliar los efectos de las agresiones ambientales que hayan sido producidas como resultado de la sobreexplotación y el uso indebido de los recursos.

Este planteamiento adquiere mayor notabilidad en los países emergentes, donde la prevención en este ámbito constituye una oportunidad, un reto y un instrumento susceptible de generar claras ventajas, tanto desde el punto de vista de la economía y de la competitividad, como de la salud ambiental del planeta y de los ciudadanos. Tan solo frenar los efectos del cambio climático mediante la reducción de las emisiones de gases de efecto invernadero y de sus efectos en la generación de desastres naturales, justifica la necesidad de adoptar los principios de la economía circular, tanto como herramienta de gestión como de prevención.

Con anterioridad se aludió al marco RESOLVE, que describe y enfoca parte importante de las actuaciones basadas en la aplicación de los principios fundamentales de la economía circular, así como las herramientas, mecanismos, tecnologías y prácticas que ayudan a su puesta en marcha y desarrollo. Este marco ofrece a empresas y gobiernos una buena herramienta para generar estrategias circulares e iniciativas de crecimiento. De diferentes formas, estas acciones optimizan el uso de activos físicos, prolongan su vida, y propician el cambio de uso de recursos de fuentes finitas a renovables. En este conjunto, cada acción en particular refuerza y acelera el rendimiento de las demás, a la vez que se retroalimenta de las sinergias generadas por todo el conjunto.

En los países industrializados, trabajar de acuerdo con los principios de la economía circular reflejados en el marco RESOLVE constituye una elección tanto correctora como preventiva. En especial, es preciso recordar que la economía circular es un modelo sostenible, reparador y regenerativo, que se fundamenta en el uso de energías renovables, en la eficiencia energética y en la gestión responsable de los recursos. Además, puede jugar un rol importante en la transformación de los modelos de negocio, lo cual, junto con la adopción de actitudes responsables por parte de empresas y consumidores en relación con el ciclo de vida de los productos y servicios, libera su potencial como herramienta preventiva y regenerativa.

En los países emergentes la situación difiere tan solo en sus aspectos formales, puesto que, en el fondo, la adopción de los principios de la circularidad apunta en ellos al mismo objetivo: lograr la sostenibilidad en el uso de los recursos. De hecho, en muchas de estas naciones, iniciativas como el reciclaje o la reutilización se vienen utilizando desde tiempos inmemoriales, tal vez no como medidas preventivas, sino más bien como un medio espontáneo e instintivo de subsistencia para paliar la pobreza y la escasez de recursos básicos.

En las naciones emergentes, la implantación de la economía circular representa una valiosa oportunidad para desarrollar proyectos de industrialización mediante la creación de empresas de ingeniería, industrias y tecnologías innovadoras. El espíritu emprendedor, el ingenio y la sensibilidad ambiental emergen con fuerza en muchos de estos países, hecho que queda demostrado si se observa el crecimiento que experimentan sus economías, el potencial que subyace en gran parte de ellas, y las oportunidades que en este sentido puede forjar la adopción de modelos de producción, de negocio y de comportamiento circulares.

Los cambios en los modelos de consumo, producción y distribución en todo el mundo son cada vez más rápidos y trascendentes, y en las naciones emergentes la adopción simultánea de la economía circular constituye un factor de impulso y de creación de sinergias para lograr que el desarrollo y el progreso conduzcan hacia la sostenibilidad, aprovechando los beneficios que crean las acciones enfocadas con criterios preventivos. Esta es la única vía para no volver a caer en los errores especulativos y en el despilfarro de épocas pasadas, y para propiciar la participación en esta nueva estrategia de todos los sectores, tanto del ámbito público como privado.

Analizados los anteriores postulados, así como los argumentos enunciados a lo largo de este libro, y teniendo en cuenta los aspectos que pueden considerarse retos y oportunidades correctoras y previsoras, tanto en países industrializados como en naciones en desarrollo, cabe insistir en las ventajas que puede aportar la adopción de los principios y fundamentos de la economía circular en relación con el objetivo de alcanzar y garantizar la sostenibilidad integral del planeta. Entre ellas, destacan las siguientes:

- Cerrar los ciclos de producción industrial y de prestación de servicios adoptando nuevos modelos de negocio basados en la optimización energética, el reciclaje, la reutilización y la refabricación.

- Fomentar iniciativas que optimicen la distribución equitativa de recursos y productos mediante el diseño de nuevos modelos de logística, de negocio y de consumo.

- Prestar especial atención a la gestión responsable y a la optimización del uso de todo tipo de recursos, principalmente de los naturales, tanto finitos como renovables, destacando entre ellos los residuos, el agua y la energía.

- Prestar atención a todas las iniciativas multisectoriales que promuevan la reducción de emisiones de gases de efecto invernadero causantes del cambio climático.

- Desarrollar programas de planificación urbanística, ordenamiento demográfico, edificación y transporte público que hagan de las ciudades un ambiente acogedor para los ciudadanos, y aseguren un entorno de vida sostenible. Aprovechar para ello las tendencias marcadas por el concepto "Smart city", que actualmente sugiere interesantes iniciativas y alternativas innovadoras en este ámbito.

- Implantar iniciativas de información, formación y comunicación que permitan sensibilizar a ciudadanos, empresas y estamentos de todo tipo sobre la necesidad y las ventajas de adoptar modelos de comportamiento civil e industrial basados en la economía circular.

- Establecer programas de actuación global que comprometan de modo transversal y responsable a todos los agentes comprometidos con la implantación de la economía circular y el logro de la sostenibilidad.

Sin lugar a dudas, el éxito de la economía circular a nivel mundial, dentro de un contexto de globalización, de cambios de paradigmas, de avances acelerados de la tecnología, y de necesidad de cambios de los modelos de comportamiento social, está supeditado de modo ineludible a la erradicación de conflictos de intereses, desequilibrios geopolíticos y tensiones sociales que amenacen su viabilidad y su adopción como alternativa de desarrollo sostenible. En igual sentido, la eliminación de barreras de todo tipo es un requisito esencial para garantizar la transversalidad de las iniciativas circulares, así como para asegurar la distribución y uso equitativo de todos los recursos del planeta.

AMBITO NORMATIVO Y LEGISLATIVO APLICABLE A LA CONSOLIDACION DE LA ECONOMIA CIRCULAR

Naciones Unidas (ONU)

En términos generales, las actuaciones fundamentales necesarias para asegurar la estabilidad socioeconómica están contenidas en el marco de la Agenda 2030 de **Naciones Unidas**, que especifica los diecisiete objetivos de desarrollo conducentes a la sostenibilidad del planeta. La tabla adjunta sintetiza de modo esquemático dichos objetivos.

En lo referente a la economía circular, siete de estos objetivos están directamente alineados con sus fundamentos y principios. Concretamente, destacan los relativos a:

- Agua
- Energía
- Innovación industrial
- Ciudades
- Clima
- Producción y consumo responsable
- Alianzas estratégicas enfocadas a objetivos

Comisión Europea (CE)

Un paso importante en materia de Economía Circular y Medio Ambiente lo ejemplifica la **Comisión Europea**, que orienta a los diferentes países que la integran formulando y fomentando iniciativas dirigidas a generar crecimiento sostenido y a crear nuevos puestos de trabajo. El plan establece cuatro áreas claves de acción: producción, consumo, gestión de los residuos y mercado de materias primas secundarias.

Europa necesita transformar su modelo económico, cambiando el actual patrón de comportamiento "extraer-fabricar-usar-eliminar" por enfoques que incentiven la reutilización, la reparación, el reacondicionamiento y el reciclaje, todo ello con el objeto de ganar en flexibilidad y en competitividad.

El nuevo paquete de medidas, formulado para el Horizonte del año 2020 por la Comisión en diciembre de 2015, contiene medidas ambiciosas, que cubren todo el ciclo de vida de los productos, desde las fases de diseño y producción, pasando por las etapas de consumo, hasta el mejoramiento de la gestión de residuos al final de su vida útil.

La Comisión presta especial importancia a los aspectos legislativos relacionados con los residuos, promueve la colaboración entre las industrias y la práctica del "Ecodiseño", y ha puesto en marcha investigaciones destinadas a desterrar la práctica de la "obsolescencia programada". Por último, propone medidas en materia de eficiencia energética, ciclo del agua y contratación pública, con el ánimo de generar ahorro económico, valor añadido y protección del medio ambiente, en este último caso en relación con todo lo referente a la necesidad de reducir los gases de efecto invernadero.

El paquete de medidas de la Comisión Europea contempla también la asignación de fondos sustanciales para favorecer el despegue de la economía circular, y parte importante de sus programas de desarrollo regional está enfocada a apoyar inversiones en infraestructuras de recogida selectiva de residuos y reciclaje.

Otro aspecto importante del Paquete de Economía Circular de la Comisión Europea es la modificación del artículo 5 de la Directiva 2008/98/CE referente a los subproductos. Este artículo incluía como premisa que los subproductos son residuos de producción, pero que pueden no ser considerados residuos si cumplen determinadas condiciones. La modificación incorporada en el paquete respecto de este artículo, define que los criterios para que un residuo de producción pueda considerarse un subproducto, y no un residuo, continúan siendo los mismos, pero se propone un cambio respecto a las competencias y obligaciones de los Estados miembros en relación con los subproductos, exigiendo que se garantice su reconocimiento para que puedan ser aprovechados como recursos.

Dos aspectos importantes de la Directiva sobre subproductos destacan que:

- Los Estados miembros notificarán a la Comisión las regulaciones técnicas, estableciendo un procedimiento de información para ello.

- La Comisión Europea tendrá autoridad sobre las autorizaciones o normas ambientales generadas por los Estados miembros.

La nueva redacción de este artículo pretende impulsar un modo más eficaz para alcanzar resultados claros, tales como:

- Conseguir cumplir los objetivos en materia de economía circular.

- Simplificar y reducir los trámites administrativos, ya que los subproductos dejarían de verse afectados por la reglamentación de residuos

- Reducir el uso de materias primas, y, por lo tanto, los costes, ya que se podrían incorporar directamente al ciclo productivo los subproductos susceptibles de ser considerados como recursos.

De este modo, se conseguiría promover la llamada "simbiosis industrial", y convertir los subproductos de una industria en materias primas para otras.

AGENDA 2030 – NACIONES UNIDAS

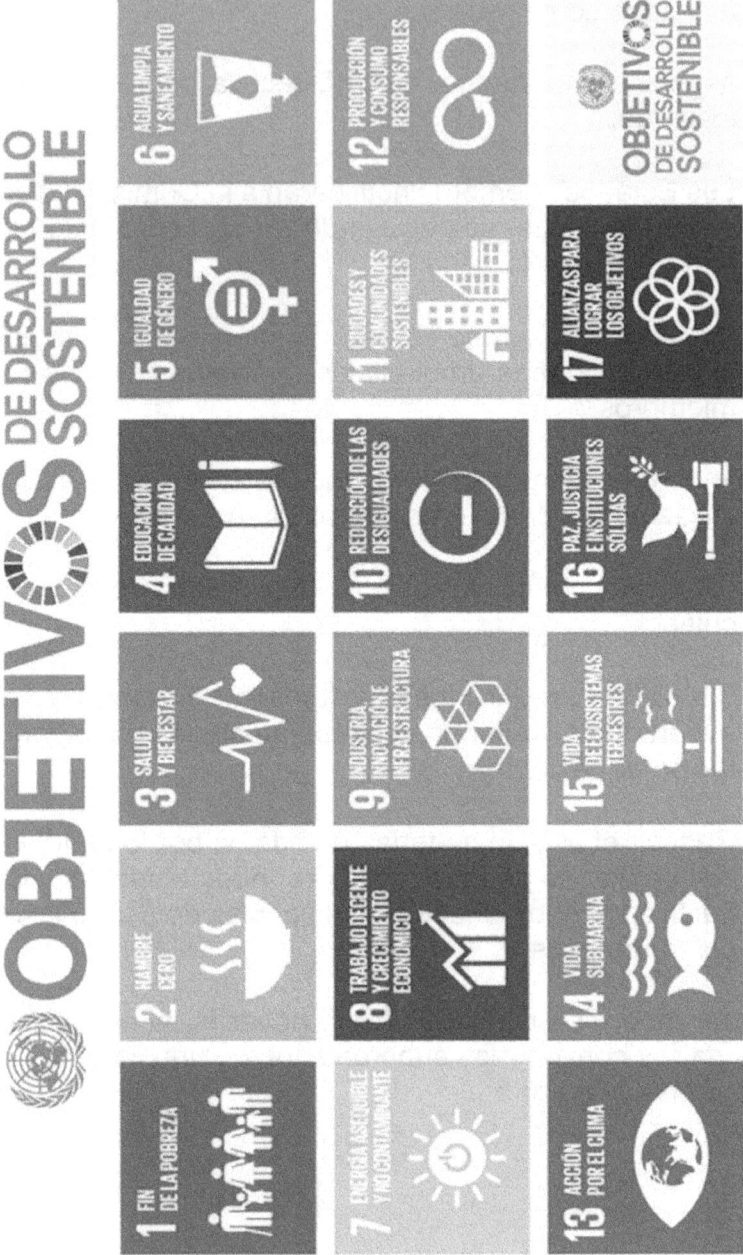

Figura 35 – Agenda 2030 – Naciones Unidas

Otros ámbitos normativos

Normas aplicables de modo directo o indirecto al desarrollo de iniciativas de economía circular se encuentran vigentes desde hace años, ya que fueron diseñadas para orientar procesos relacionados con políticas de gestión de calidad y medio ambiente en empresas de diferentes sectores de actividad. Las dos más importantes en este terreno son la ISO 9001 y la ISO 14001.

ISO 9001

Constituye una plataforma ideal para avanzar hacia otras certificaciones de sistemas de gestión del medio ambiente, de la seguridad o de la responsabilidad social. Permite a la pequeña y mediana empresa situarse al nivel de las más grandes, equiparándose en eficiencia, y compitiendo en igualdad de posibilidades en el agresivo mercado global.

Gracias a la implantación de un Sistema de Gestión de la Calidad según la norma ISO 9001, las empresas y organizaciones demuestran su capacidad para proporcionar de forma racional productos o servicios que satisfacen los requisitos del cliente y que cumplen las exigencias reglamentarias aplicables a cada caso.

Entre otras ventajas, la norma permite cumplir con clientes que requieren proveedores certificados, aumentar la posibilidad de incrementar sus ventas en la Unión Europea, mejorar los sistemas de calidad propios, así como controlar la documentación y los proveedores en cuanto a desempeño. Además, genera mayor confianza entre proveedores y clientes.

Cuando se despliega, esta norma internacional promueve la adopción de un enfoque basado en procesos, e implanta y mejora la eficacia del sistema de gestión de la calidad, basado a su vez en el ciclo de mejora continua PDCA: Planificar, Hacer, Comprobar, Actuar.

En relación con el mercado, esta norma permite a las empresas:

- Mejorar la imagen de los productos ofrecidos y de los servicios prestados.
- Favorecer su desarrollo y afianzar su posición.
- Ganar cuota y acceder a mercados exteriores gracias a la confianza que genera entre los clientes y consumidores.

La norma también supone beneficios para los clientes:

- Aumento del nivel de satisfacción.
- Eliminación en auditorías, con la correspondiente reducción de costes.
- Acceso a acuerdos de calidad concertados con los clientes.

En relación con la gestión de la empresa, las ventajas son también evidentes:

- Servir de medio para mantener y mejorar la eficacia y adecuación del sistema de gestión de la calidad, al poner de manifiesto las áreas de posibles mejoras.
- Cimentar las bases de la gestión de la calidad y estimular a la empresa para entrar en un ciclo de mejora continua.
- Aumentar la motivación y participación del personal y mejorar la gestión de los recursos.

ISO 14001

Esta norma es el eje central de la gestión ambiental en las empresas. De manera progresiva, las organizaciones, independientemente de su actividad, tamaño o ubicación geográfica, tienen que cumplir con un mayor número de exigencias ambientales impuestas por la administración, los clientes y la sociedad en general. Por ello, resulta imprescindible el uso de herramientas que integren el medio ambiente en la gestión global de la empresa.

La implantación de un Sistema de Gestión Ambiental de acuerdo con la norma ISO 14001 ofrece la posibilidad de sistematizar los aspectos ambientales que se generan en cada una de las actividades que se llevan a cabo en la organización, además de promover la protección ambiental y la prevención de la contaminación desde un punto de vista de equilibrio con los aspectos sociales y económicos.

Gracias a la implantación de un Sistema de Gestión Ambiental según la norma internacional ISO 14001, las empresas se posicionan como socialmente responsables, diferenciándose de la competencia, y reforzando su imagen ante clientes y consumidores.

Entre otras ventajas ambientales, la norma permite optimizar la gestión de recursos y residuos, reducir los impactos ambientales negativos derivados de su actividad, y los riesgos asociados a situaciones accidentales.

Además de potenciar la innovación y la productividad, la norma permite a la empresa la posibilidad de reducir los costes de gestión de residuos y las primas de seguros, eliminar barreras a la exportación, reducir el riesgo de litigios y sanciones, tener mejor acceso a subvenciones y otras líneas de financiación preferentes, y disminuir los riesgos laborales mediante la motivación de los trabajadores.

ISO 55001

La gestión de activos es una disciplina que busca tramitar todo el ciclo de vida de los activos físicos de una organización con el fin de maximizar su valor.

La norma ISO 55001 ayuda a las organizaciones a obtener valor de cualquier tipo de activos, entendiendo como tales todo lo que tiene valor real o potencial para una organización, aunque va dirigida de forma especial a la gestión de activos físicos. Además, es aplicable a organizaciones de cualquier campo y tamaño.

Esta Norma Internacional está diseñada para permitir a la organización alinear e integrar su sistema de gestión de activos con los requisitos de otros sistemas de gestión relacionados, y se complementa con otras normas de su misma familia, la ISO 55000 y la ISO 55002.

La norma asiste de manera positiva a las organizaciones ayudando a la mejora del desempeño financiero, a la toma de decisiones de inversión en activos basadas en información, a la gestión del riesgo, y a la mejora continua. Además, la demostración de responsabilidad social, de mejora de la reputación, de incremento de la estabilidad organizacional, y de perfeccionamiento de la eficiencia y de la eficacia en resultados, son otros beneficios destacados derivados de su aplicación.

Como instrumento favorable a la consolidación de la economía circular, y al igual que otras normas relacionadas con el tema, la

NORMA 55001 se ha de utilizar teniendo en cuenta los siguientes aspectos:

- La gestión de activos consiste en la optimización del ciclo de vida del activo para maximizar su rendimiento de una manera segura, socialmente beneficiosa y ambientalmente responsable. Este aspecto es directamente aplicable a los principios de la economía circular, que considera los residuos y subproductos como recursos y activos de gran valor, que se han de mantener en el ciclo productivo mediante procedimientos, entre otros, de reciclaje, recuperación y reutilización.

- La ISO 55001 se centra en objetivos organizacionales a nivel "Estratégico - Táctico - Operativo", para optimizar las relaciones entre costes y riesgos.
- La norma allana el camino hacia la gestión de activos empresariales de clase mundial, convirtiéndose en un concepto atractivo para la Industria.
- La ISO 55001 exige la demostración de prácticas reales, no sólo la simple definición de procedimientos y manuales.
- La Norma constituye un requisito y un paso previo para la validación de los procesos de Certificación de Activos Físicos.

EMAS

CERTIFICACION EMAS

La certificación EMAS (European Eco-management and Audit Scheme) es una herramienta voluntaria de gestión ambiental para empresas, promovida por la Comisión Europea. Su enfoque está dirigido a fomentar actividades y métodos que conduzcan a la sostenibilidad, en el sentido más amplio del término.
Su objetivo es promover la mejora continua en materia ambiental, así como su ajuste a la legislación pertinente. Suministra información contrastada para la elaboración de informes y la verificación de actuaciones.

ISO 50001

La norma ISO 50001, de Sistemas de Gestión de la Energía, proporciona a las empresas de los sectores industrial y de servicios las estrategias de gestión para mejorar su eficiencia energética y reducir costos. En concreto, tiene por objeto cumplir lo siguiente:

- Ayudar a las empresas a aprovechar mejor sus actuales activos de consumo de energía.
- Crear transparencia y facilitar la comunicación sobre la gestión de los recursos energéticos.
- Promover las mejores prácticas y reforzar las buenas conductas de gestión de la energía.
- Ayudar en la evaluación y dar prioridad a la aplicación de nuevas tecnologías de eficiencia energética.
- Facilitar la mejora de gestión de la energía en relación con los proyectos de reducción de emisiones de gases de efecto invernadero.
- Permitir la integración con otros sistemas de gestión organizacional, como son el medio ambiente, la calidad, la salud y la seguridad.

Certificación de Edificios

Con el propósito de incentivar la cultura de la sostenibilidad en el sector de la edificación, principalmente desde el punto de vista de la eficiencia energética, del ciclo del agua, de los materiales, de los residuos, de la contaminación y de la calidad ambiental interior, algunos organismos acreditados proponen procedimientos de certificación de edificios específicamente diseñados y desarrollados con este propósito.

Como ejemplo de este tipo de opciones de certificación voluntaria de edificios, cabe reseñar tres de las entidades más destacadas que promueven actuaciones en este terreno, y que están teniendo buena acogida en el ámbito internacional de la gestión de inmuebles: BREEAM, originada en el Reino Unido, LEED, creada por el U.S. Green Building Council (USGBC) de Estados Unidos, y CES, desarrollada en Chile.

BREEAM®ES

BREEAM (Building Research Establishment Environmental Assessment Methodology)

Es un método de evaluación y certificación de la sostenibilidad en el sector de la edificación. Se corresponde con un conjunto de herramientas avanzadas y procedimientos encaminados a medir, evaluar y ponderar los niveles de sostenibilidad de una edificación, tanto en la fase de su diseño como durante las fases de ejecución y mantenimiento.

Su aplicación contempla las particularidades propias de cada una de las principales tipologías de uso de edificios existentes, tales como viviendas, oficinas, edificaciones industriales, centros de salud, centros docentes, edificios de pública concurrencia y otros.

LEED (Leadership in Energy and Environmental Design)

El U.S. Green Building Council (USGBC), fundado en 1993 en Estados Unidos, es una organización líder que representa a toda la industria de la construcción en lo que se refiere a "Construcción Verde".

Su finalidad ha sido crear y desarrollar un sistema que permita medir y definir el grado de eficiencia y sostenibilidad de la construcción verde, y analizar el impacto de la misma en el medio ambiente.

LEED es el sistema internacional de certificación desarrollado por el USGBC, el cual verifica y aprueba que una construcción ha sido efectuada implementando las apropiadas prácticas ambientales, y procurando dar lugar al máximo nivel de eficiencia como resultado de su edificación.

Certificación Edificio Sustentable

CES (Certificación Edificio Sustentable)

La "Certificación Edificio Sustentable" (CES) es un sistema nacional que permite evaluar, calificar y certificar el comportamiento ambiental de los edificios de uso público en Chile, tanto nuevos como existentes, sin diferenciar administración, propiedad pública o propiedad privada.

Se basa en el cumplimiento de un conjunto de variables, desagregadas en requerimientos obligatorios y voluntarios, que generan puntos. Para certificarse se debe cumplir con los requerimientos obligatorios y tener como mínimo 30 puntos. El máximo puntaje es 100.

El sistema fue desarrollado por el Instituto de la Construcción chileno, con el apoyo y la participación formal de 13 instituciones públicas y privadas, reunidas con el objetivo de incentivar el diseño y la construcción de edificios con criterios de sostenibilidad, y estimular al mercado para que valore con especial atención las edificaciones sometidas a la certificación.

CES es apoyada por el Ministerio de Obras Públicas, la Cámara Chilena de la Construcción, el Colegio de Arquitectos de Chile, y el propio Instituto de la Construcción, que actúa como entidad administradora.

Los diagramas expuestos a continuación esquematizan de modo gráfico el procedimiento que se sigue durante el desarrollo de un sistema de certificación de edificios aplicando los sistemas anteriormente descritos.

CERTIFICACION LEED

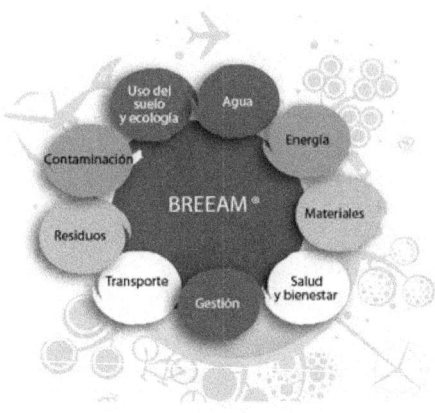

CERTIFICACION BREEAM

Figura 36 – Esquemas de Certificaciones LEED y BREEAM de Edificios

PROCEDIMIENTO BREEAM DE CERTIFICACION DE EDIFICIOS

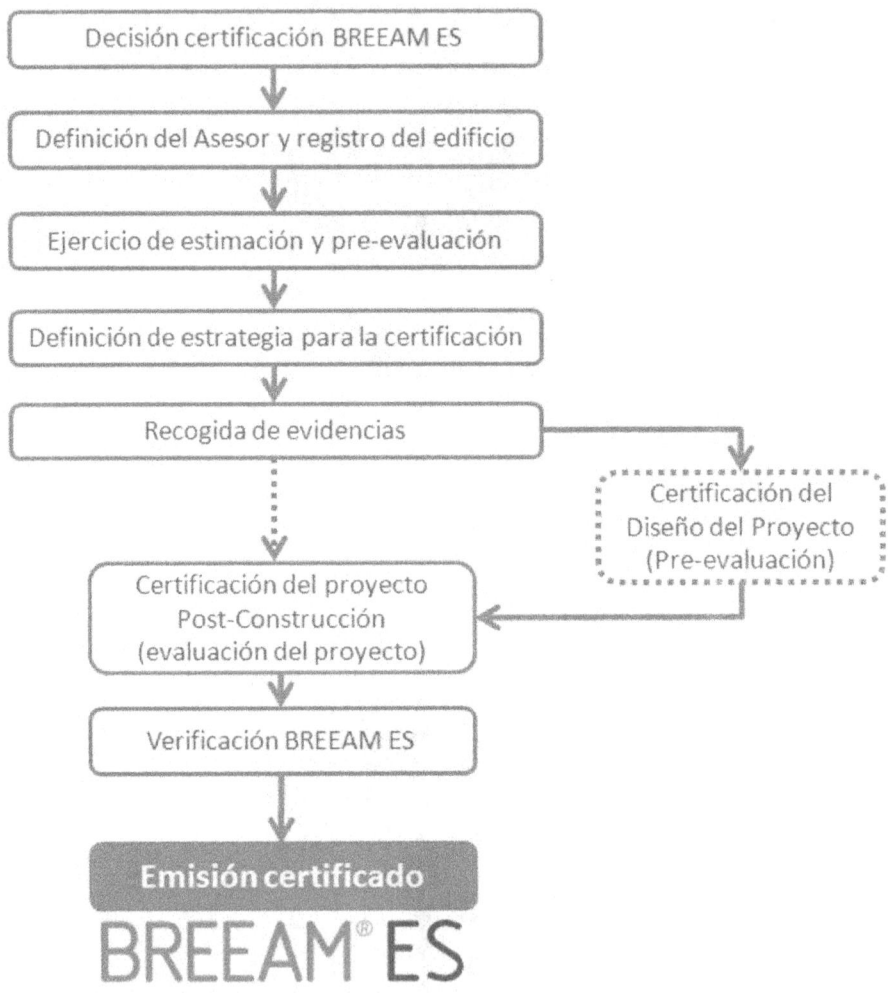

Figura 37 – Procedimiento BREEAM de Certificación de Edificios

PROCEDIMIENTO CES DE CERTIFICACION DE EDIFICIOS

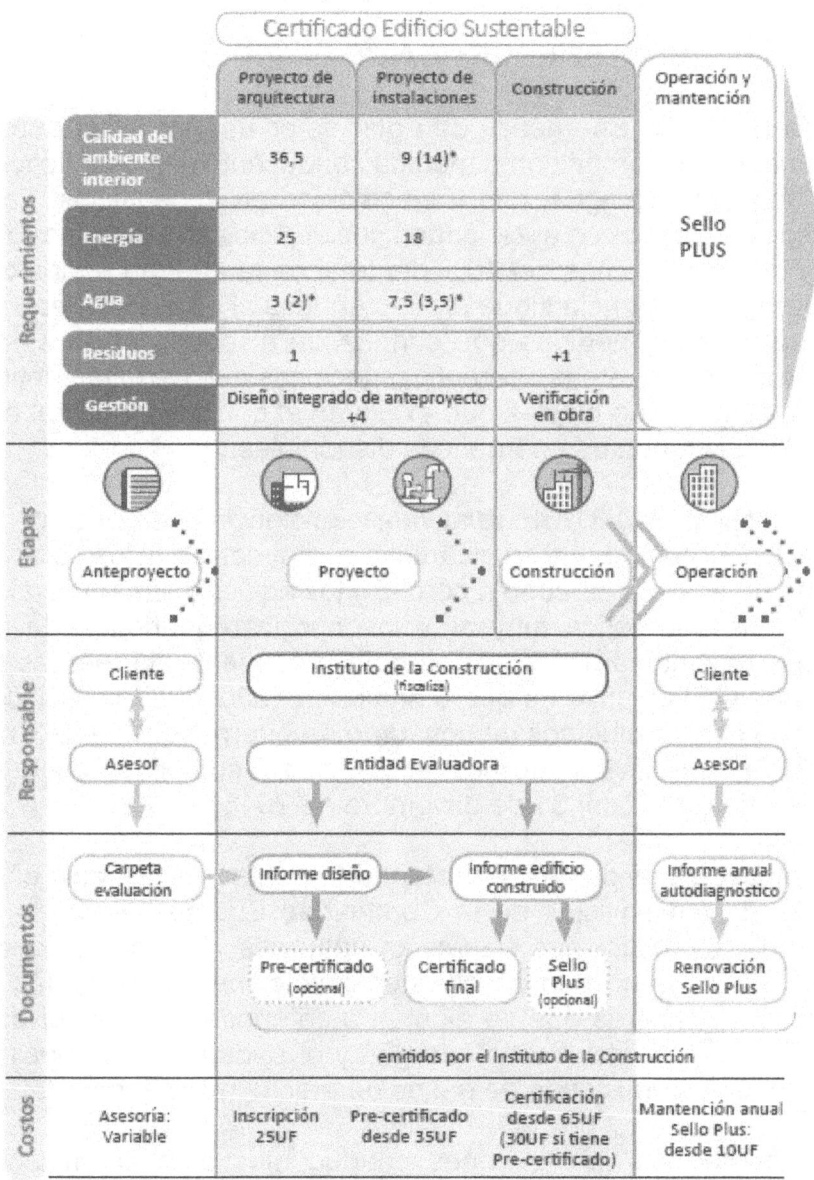

Figura 38 – Esquema del Procedimiento CES de Certificación de Edificios

CERTIFICACION ENERGETICA DE EDIFICIOS

La Certificación Energética de Edificios es una iniciativa que se ha puesto en marcha como medida conducente a la optimización del consumo de agua, gas y electricidad en los edificios. Tal y como se destacó con anterioridad, los edificios son responsables del consumo de más del 40% del total de la energía en las ciudades, y la tendencia sigue proyectándose al alza. Esta realidad obliga a tomar medidas que conduzcan a reducir el consumo, recurriendo a diversas alternativas técnicas que permitan optimizarlo y situarlo en niveles que excluyan el derroche y el mal empleo de los recursos energéticos disponibles.

La Directiva 2010/31/UE, relativa a la eficiencia energética de los edificios, pretende que se alcance a contar con edificios con consumo de energía cercano a cero. En los edificios con un nivel de eficiencia energética muy alto, la energía requerida sería cubierta mayoritariamente por energía procedente de fuentes renovables. El objetivo es que a finales del año 2020 los edificios nuevos sean inmuebles de consumo de energía casi nulo. En el caso de los edificios públicos, el plazo para cumplir con este requisito será hasta el 31 de diciembre de 2018.

El objetivo es evidente: se pretende fomentar la eficiencia energética de los edificios de la Comunidad Europea teniendo en cuenta las condiciones climáticas naturales y las particularidades locales, con el fin de obtener condiciones ambientales en espacios interiores que se ajusten a criterios de sostenibilidad, que limiten el consumo de energía, y que, dentro de lo posible, reduzcan las emisiones de gases de efecto invernadero.

Son numerosas las opciones conducentes a la optimización energética en los edificios, pero, entre ellas, cabe destacar las siguientes:

- Utilización de apropiados materiales de aislamiento térmico en las edificaciones.
- Adecuada instalación y mantenimiento de los sistemas y equipos de calefacción, climatización y ventilación.
- Uso de sistemas de iluminación de bajo consumo.
- Uso de electrodomésticos eficientes y de bajo consumo.
- Utilización de fuentes de energía naturales y renovables, tales como placas solares y fuentes geotérmicas.
- Adopción de actitudes de uso y comportamiento responsable por parte de los ciudadanos.

En España la certificación energética de edificios se rige por el Real Decreto 235/2013, y prevé tres situaciones en las que es obligatorio obtener el certificado:

- **En edificios nuevos**: su certificación tendrá dos partes, la del proyecto, que se incluirá en el plan de ejecución, y la del edificio terminado, que confirmará los datos de la primera, debiendo ésta modificarse en caso de incumplimiento.
- **En edificios existentes** o partes de edificios existentes, cuando se vendan o alquilen a un nuevo arrendatario.
- **En edificios ocupados** o partes de edificios ocupados por una autoridad pública, frecuentados por el público, y con superficies superiores a 250 m^2.

Si la aplicación de la certificación se efectúa con rigor, y se toman las eventuales medidas de optimización derivadas de la auditoría incluida en el proceso, es posible generar ahorros sustanciales de energía que en último término redundarán también en otra serie de ventajas, directas e indirectas, tales como la reducción de los gases de efecto invernadero causantes del cambio climático.

Implementación práctica de la normativa

Al comentar los aspectos más característicos del contexto económico y social de la era global, se aludió al hecho de que, durante los últimos años, las empresas han estado sometidas a importantes esfuerzos como consecuencia de las exigencias de los agentes reguladores en materias relacionadas con el medio ambiente y el uso de los recursos. Desde el año 2009, el número de leyes sobre cambio climático se ha incrementado de modo significativo, y han surgido en diversos estados y regiones del planeta numerosas iniciativas legislativas para atenuar la huella de carbono y regular los vertidos de residuos mediante impuestos.

En relación con la normativa directa o indirectamente aplicable a los principios y fundamentos de la economía circular, cabe destacar que su implementación habrá de efectuarse de modo coordinado, en consonancia y respetando la legislación, los tratados, las normas, los reglamentos y las políticas, tanto regionales como internacionales, que se refieran específicamente a ciertos aspectos relacionados con el medio ambiente y la sostenibilidad.

Este requisito deriva, entre otros motivos, de lo que ocurre en diferentes naciones y regiones en particular, con relación a la gestión de residuos, de la energía, del agua, de los límites de emisiones de gases de efecto invernadero, de los vertidos y de las emisiones contaminantes de diversa naturaleza. Resulta del todo evidente que la totalidad de la normativa dispersa y variada existente en el mundo ha de ser tenida en cuenta, pero también es esencial que se ha de procurar unificar criterios en beneficio de la coherencia que requieren hoy en día las estrategias planteadas en un contexto geopolítico de diversidad, de complejidad y de volatilidad económica y social.

Si a todo ello se añaden las diferentes condicionantes fiscales y comerciales que surgen con especial dinamismo en el complejo escenario de la globalización, el análisis transversal de estos aspectos destaca como un mandato ineludible a la hora de armonizar todo el conjunto de modo estable y equilibrado.

En todo caso, y sin lugar a dudas, el adecuado diseño, la oportuna implementación y el refuerzo de la legislación y de la normativa relacionadas con la adopción de los principios de la economía circular, tendrán un efecto positivo a la hora de permitir alcanzar los objetivos de sostenibilidad perseguidos por este modelo.

Una vez más, se trata de aplicar al ámbito legislativo y normativo los principios elementales de la transversalidad y de la gobernanza.

EL DESAFIO DE LA TRANSICION HACIA LA ECONOMIA CIRCULAR

El mundo está cambiando, y los retos económicos, ambientales y sociales a los que se enfrenta la humanidad hacen imprescindible la consideración de la sostenibilidad en el tejido social y empresarial. El tradicional modelo económico extraer-usar-desechar deja de ser una opción segura, y se hace necesario que las organizaciones y la sociedad civil se abran a la innovación en todos los campos del desempeño. Retos de gran trascendencia, tales como asumir el cambio climático, la escasez de materias primas y los problemas ligados a la salud ambiental, motivan y hacen imprescindible la adopción de acciones inteligentes en materia de gobernanza social, política y económica. Algunas de estas acciones implican la adopción de modelos disruptivos que será necesario implantar como estrategias a largo plazo, las cuales no siempre serán fáciles de asumir para desterrar la inercia de los habituales modelos de producción y consumo.

Los últimos 150 años de evolución industrial han estado dominados por el modelo de producción y consumo lineal, según el cual los bienes son producidos a partir de las materias primas, vendidos, utilizados, y finalmente desechados como residuos. Frente a la acentuada volatilidad de la economía global y el aumento de evidencias que apuntan a la creciente escasez y sobreexplotación de recursos, la necesidad de definir un nuevo modelo económico se hace cada vez más evidente.

Por inercia histórica, la economía contemporánea se encuentra bloqueada en un sistema en el que todo, desde la actividad productiva y la contratación, hasta la normativa y el comportamiento de las personas, favorecen el modelo lineal de producción y consumo. Sin embargo, este bloqueo es cada vez más débil debido a la presión que ejercen tendencias tan poderosas como disruptivas. Se debe aprovechar este nexo favorable de factores económicos, tecnológicos y sociales para acelerar la transición hacia una economía sólida y equilibrada. La circularidad ha empezado a desterrar al modelo lineal, y ha ido más allá de la prueba del concepto. El desafío al que ahora se enfrenta el mundo es consolidar la economía circular y dotarla de una dimensión de escala.

La economía circular, cuya principal característica es la de preservar el valor de los recursos, contiene el potencial para lograr el desarrollo sostenible y la erradicación de la pobreza a cotas y velocidades que nunca se vieron antes en la historia de la humanidad. Este potencial proviene de las transformaciones acaecidas en el panorama mundial: los riesgos a los que se enfrenta la humanidad han variado de forma sustancial, y requieren un nuevo planteamiento general para abordar con fuerza, objetividad y decisión los aspectos esenciales del nuevo escenario económico.

La búsqueda de mejoras sustanciales en el rendimiento de los recursos en la economía conduce a los gobiernos y a las empresas a explorar nuevas formas de reutilizar los productos y sus componentes, a restaurar los materiales valiosos, y a optimizar el consumo de energía y la productividad de la mano de obra. Muchos argumentan que el momento es apropiado para llevar el concepto de economía circular un paso más allá, analizar las ventajas que esta alternativa aporta a las empresas y a la propia economía, y preparar así el camino para su adopción masiva y sistemática.

Investigaciones y experiencias llevadas a cabo hasta la fecha por numerosas empresas y entidades ofrecen incuestionables evidencias de que la economía circular ha empezado a abrirse paso para desplazar a la economía lineal. Esta realidad se proyecta más allá de una simple declaración de intenciones, puesto que, como anteriormente se demostró, abundantes casos de éxito así lo confirman, y los responsables políticos están admitiendo el potencial que tiene el concepto de la circularidad para alcanzar objetivos clave.

Técnicas y estrategias innovadoras específicamente pensadas para la economía circular, están hoy en día disponibles bajo diversas formas, y los casos de éxito que también avalan esta afirmación son numerosos. Todos ellos tienen en común el hecho de que han sido planteados de modo holístico, es decir, centrados en optimizar el rendimiento global del sistema, en lugar de limitarse al de algunos de sus componentes aislados.

Sin embargo, los sólidos motivos sociales y económicos que subyacen bajo los principios de la economía circular, exigen plantear el debate sobre un aspecto crucial que, teniendo en cuenta la realidad del actual escenario mundial, adquiere especial relevancia: definir la "velocidad" a la que debería desarrollarse la transición hacia nuevos paradigmas, modelos de negocio y actitudes de comportamiento social. A su vez, esta realidad exige definir no solo el coste económico de dicha transición, sino también su coste social. El coste de la transición puede incluir inversiones en activos y en nuevas infraestructuras materiales y digitales, así como en investigación, formación especializada, asistencia para promover la penetración de mercado de los nuevos productos, y apoyo transitorio a los sectores afectados.

Hallar respuestas a estas incógnitas permitirá a los responsables políticos, a los inversores, a las empresas, a los consumidores y a la sociedad civil en general, encontrar vías de transición adecuadas. Además, toda propuesta de cambio, por muy disruptiva que pueda ser, si es planteada de modo atractivo, tiene la ventaja de movilizar de modo proactivo y responsable a los diversos actores involucrados y comprometidos con los nuevos paradigmas, sobre todo si a éstos se les da la opción de participar en la configuración de una demanda dirigida al aseguramiento de la estabilidad basada los principios de la sostenibilidad.

La clave del éxito de las inversiones en modelos circulares dependerá del comportamiento de los ciudadanos, si crece y a qué ritmo la demanda de productos respetuosos con el medio ambiente, y si las empresas cuentan con incentivos para llevar a cabo dichas inversiones. No obstante, la base de los conocimientos actuales es de naturaleza fragmentada, y es necesaria una mejor comprensión de los diversos aspectos de la dinámica del sistema, de las estructuras y funciones de la producción, de la dirección del consumo, de los mecanismos financieros y fiscales, y de los factores desencadenantes del desarrollo de innovaciones tecnológicas y sociales.

Como anteriormente se observó, la evaluación de costes asociados a la transformación hacia el modelo circular es muy complicada, dada la complejidad de los agentes y factores que se han de tener en cuenta para ello. Existen estudios que demuestran la posibilidad de lograr resultados económicos positivos netos. Sin duda, es necesario que el sector privado lleve a cabo inversiones, y en este sentido, el objetivo es lograr que éstas sean atractivas desde el punto de vista económico a través de la disponibilidad de medidas concretas de apoyo. Junto a los costes estrictamente económicos, es también previsible que sea preciso afrontar otro tipo de dificultades a la hora de implementar el modelo circular.

Acelerar la adopción de la circularidad a un ritmo superior al de los ciclos normales de sustitución incrementará los costes de la transición, y dará lugar a que activos tradicionales queden obsoletos, desfasados, y, por lo tanto, deban ser destinados al desuso por pérdida de su utilidad. Durante el proceso será necesario demostrar hasta qué punto estos costes adicionales compensan el cambio hacia nuevos escenarios de desarrollo, y en qué medida actuarán como estímulo o freno para la economía global.

También se debe tener en consideración que no existe una fórmula de transición universal susceptible de ser extrapolable a todos los casos. En el fondo, se trata de un concepto, una manera de entender los procesos de producción, que pretende maximizar el uso de los recursos existentes y reducir los residuos. Cómo llevar a cabo esta idea depende del negocio en sí, del sector, del tipo de producto, y de otros factores vinculados al carácter pluridisciplinar del entorno, puesto que realidades diferentes requieren soluciones específicas adaptadas a cada situación. En todo caso, el intercambio de experiencias y la adopción de buenas prácticas constituyen elementos esenciales para facilitar la puesta en marcha de modelos de negocio circulares en los diferentes sectores y áreas. La transformación industrial y la adaptación a este nuevo paradigma se deberá enmarcar en las tres perspectivas tradicionales del desarrollo sostenible: la económica, la ambiental y la social.

Sin lugar a dudas, hay riesgos y retos implícitos en toda transición sistémica y transversal. Conocer con exactitud cuáles son los problemas que dificultan la transformación hacia la economía circular es en sí una tarea muy compleja, debido, como antes fue comentado, al gran número de agentes y de factores que intervienen a la hora de ponerla en marcha. Por este motivo, una acción coordinada y compartida entre todos los actores públicos y privados es esencial, sobre todo teniendo nuevamente en cuenta que la economía circular es un concepto complejo.

Es poco probable que en el corto plazo se logre un consenso sobre el verdadero valor de la circularidad como motor de cambio de paradigmas, motivo por el cual es necesario definir con claridad las áreas y sectores prioritarios que puedan caber dentro del ámbito de la adopción de sus principios, y elaborar evaluaciones y estudios objetivos y específicos que proporcionen mensajes consistentes sobre sus efectos potenciales. Todo ello, teniendo además en cuenta la necesidad de hacer frente a las posibles tensiones geopolíticas que surgirán en el mundo globalizado a lo largo de la transición hacia el cambio, y que, con toda probabilidad, obligarán a adoptar estrategias de reconducción y a implementar sobre la marcha los oportunos planes de contingencia.

Los sectores tradicionales tendrán que transformar sus modelos empresariales, y la evolución hacia nuevas ideas obligará a asumir efectos redistributivos en la economía. Por lo tanto, resultará crucial compensar de algún modo el efecto de los cambios que origine la materialización de la economía circular sobre los ciudadanos, las empresas, las naciones y el medio ambiente.

Figura 39 – La Economía Circular como instrumento de Sostenibilidad

225

INFORMACION SOBRE ECONOMIA CIRCULAR

La Economía Circular es un fenómeno que ha empezado a germinar hace relativamente poco tiempo, pero que evoluciona de modo vertiginoso. Su difusión como estrategia para el aseguramiento de la sostenibilidad del planeta está induciendo importantes cotas de aceptación y de adopción en la práctica, a un ritmo sorprendente que conduce a su acelerada implantación en un escenario globalizado y cada vez más tecnificado. Además, la circularidad es un concepto de connotaciones pluridisciplinares, que implica la interrelación estrecha entre un sinnúmero de factores que se han de proyectar con sentido transversal, hecho que multiplica la cantidad y diversidad de información disponible sobre el tema.

Teniendo en cuenta esta realidad, el contenido de este libro no es producto de un trabajo típico de investigación académica, sino que es más bien el resultado de una indagación de corte periodístico llevada a cabo con fines de divulgación. Es, en síntesis, producto de la selección, recopilación y análisis de la enorme cantidad de información sobre economía circular que actualmente transita a gran velocidad desde diversas fuentes y plataformas de opinión y debate.

También ha sido elaborado sobre la base del diálogo y del intercambio de opiniones mantenido por el autor con expertos, profesionales y representantes de numerosas entidades y empresas que destacan en el campo del medio ambiente, de la sostenibilidad, de la política y del entorno socioeconómico del universo contemporáneo. A ello se suma la experiencia acumulada por el autor durante su desempeño en sectores directa e indirectamente relacionados con el tema.

También es preciso destacar que la redacción del libro ha sido realizada tomando como base el contexto europeo vigente en el momento de su publicación, el año 2017, hecho que condiciona el análisis de su contenido centrándolo en un espacio no solo dinámico, sino, al mismo tiempo, sujeto a la volatilidad y a los cambios que imponen tanto el rápido progreso tecnológico, como la evolución de los movimientos y tendencias políticas, económicas y sociales del mundo contemporáneo. No obstante, habida cuenta del ritmo evolutivo y del creciente interés que suscita la circularidad en todo el mundo, es fácil deducir que los argumentos expuestos en la obra, oportunamente adaptados a las circunstancias, podrán, en plazos relativamente breves, hacerse extensivos y prosperar en cualquier rincón del planeta.

Quienes deseen ampliar sus conocimientos sobre Economía Circular podrán consultar, además de otras fuentes de interés, la información contenida en diversos enlaces web como los recomendados al final del libro, material que en parte ha servido también de orientación para estructurar el contenido del presente texto. Pero se ha de tener en cuenta que, al ritmo acelerado con el que evoluciona el mundo global, así como el proceso de implantación de la economía circular, dichas fuentes deberán también ser actualizadas y complementadas con otras que aparezcan como resultado de dicha evolución.

Esta observación ha de hacerse extensiva a los datos estadísticos a los cuales se ha hecho referencia a lo largo de la narración. Además de provenir de fuentes diversas, a menudo éstos son susceptibles de ser interpretados desde diferentes puntos de vista, y de acuerdo a criterios que pueden llegar a ser contradictorios, lo cual envuelve el riesgo de distorsionar su valor como información sobre un tema específico. Teniendo en cuenta esta realidad, la información estadística reseñada en este documento ha sido expuesta con el único objetivo de suministrar indicadores y tendencias de tipo general, y como tal, debe ser considerada solamente como orientativa, sujeta a ser contrastada y confirmada a lo largo del tiempo según los escenarios dentro de cuyo marco sea analizada.

ENLACES WEB RELACIONADOS CON ECONOMÍA CIRCULAR

Comisión Europea
https://ec.europa.eu/commission/index_en
http://ec.europa.eu/environment/circular-economy/index_en.htm
http://eur-lex.europa.eu/legal-content/EN/TXT/PDF/?uri=CE-LEX:52015DC0614&from=EN
http://cordis.europa.eu/projects/home_en.html
http://ec.europa.eu/environment/life/project/Projects/index.cfm
http://ec.europa.eu/environment/eco-innovation/
http://www.eco-innovation.eu

Fundación Ellen MacArthur
http://www.ellenmacarthurfoundation.org

Fundación COTEC para la Innovación
http://cotec.es

Catedra UNESCO de Sostenibilidad
http://www.unescosost.org

Capítulo español del Club de Roma
http://www.clubderoma.net

Fundación Empresa & Clima
http://www.empresaclima.org

Fundación Forum Ambiental
htpp://www.forumambiental.org

Fundación para la Economía Circular
http://economiacircular.org

Laboratorio Ecoinnovación
http://www.laboratorioecoinnovación.com

Eco Circular
http://eco-circular.com

Ing. Petar Ostojic
http://www.petarostojic.cl

Programa internacional "Save the life – Save the planet"
http://www.savelifeplanet.com

RESEÑA BIOGRAFICA DEL AUTOR

MAURICIO ESPALIAT CANU (Santiago de Chile, 1945) es Ingeniero Superior Agrónomo por la Universidad de Chile, formación que ha complementado en paralelo a su desempeño profesional con diversos estudios, cursos y seminarios de especialización relacionados con el ámbito de la empresa.

El escenario de su trabajo ha sido el de la organización, dirección y gestión empresarial en sus diferentes facetas, donde ha desempeñado actividades ejecutivas de alta responsabilidad, a menudo con proyección internacional, en los sectores agroindustrial, servicios y consultoría. También ha actuado como impulsor destacado de proyectos de diseño, promoción, organización y asesoramiento de empresas de diferentes sectores de actividad.

El ejercicio de su labor le ha mantenido vinculado con diversas áreas del mundo de la empresa, en las cuales ha alternado sus funciones ejecutivas en disciplinas de dirección y planificación estratégica, con su participación directa en el desarrollo de iniciativas y proyectos en el terreno de la actividad privada.

Su trayectoria profesional se ha visto especialmente influenciada por su interés y compromiso con los temas relacionados con el medio ambiente, la sostenibilidad y la influencia de éstos en la evolución de la sociedad, de la economía, del mundo en general, y de la empresa en particular. Este aspecto ha contribuido en importante medida a perfilar su vocación de liderazgo y su estilo de trabajo.